Jochen
Veser

Pflanzen-krankheiten

erkennen und behandeln

3., aktualisierte Auflage

274 Farbfotos
12 Tabellen

Ulmer

Vorwort

Pflanzen in Haus und Garten tragen zur Steigerung der Lebensqualität bei. Leider machen die Pflanzen dem Hobbygärtner aber nicht nur Freude durch Blütenpracht oder reiche Ernte. Zahlreiche Einflüsse der unbelebten und belebten Natur können Schäden an Pflanzen verursachen. Dieses Buch soll helfen, das beobachtete Symptom der richtigen Ursache zuzuordnen.

Die häufigsten an Garten- und Zimmerpflanzen vorkommenden Schäden werden ausführlich beschrieben. Die wichtigsten Daten zur Biologie des jeweiligen Schaderregers sollen dem Pflanzenliebhaber die Entscheidung über das weitere Vorgehen erleichtern. Er kann so vor Ort entscheiden, ob Maßnahmen im Einzelfall notwendig sind oder ob der Schaden weniger bedeutsam für die Pflanze ist. Kenntnisse über die Entwicklung des Schaderregers ermöglichen erst die Bestimmung des idealen Zeitpunkts zur Durchführung von Bekämpfungsmaßnahmen. In einem weiteren Schritt werden mögliche Verfahrensweisen aufgeführt. Vorbeugende, biologische und biotechnische Verfahren reichen im Hausgarten oft aus, um die Schäden zu minimieren. Der Einsatz von Pflanzenschutzmitteln sollte immer der letzte Ausweg sein.

In diesem Buch werden zunächst allgemeine Schadursachen beschrieben, wie sie an vielen Pflanzenarten vorkommen können. In den folgenden Kapiteln werden die einzelnen Bereiche des Hobbygartenbaus (Obst, Gemüse, Ziergehölze, Stauden, Zimmerpflanzen, Rasen) in Bezug auf häufige Schäden beleuchtet. Oft wird auf Textstellen verwiesen, die weitere Informationen zum entsprechenden Thema geben. Die Pflanzenschutzmittel sind in einem letzten Kapitel zusammengefasst worden, um hier komprimiert über den aktuellen Stand der verfügbaren Wirkstoffe und Präparate zu informieren. Die Empfehlungen im Buch entbinden den Anwender von Pflanzenschutzmitteln nicht von der besonderen *Sorgfaltspflicht,* die bei der Anwendung von Gefahrstoffen *unverzichtbar* ist!

Viele Schäden lassen sich mithilfe dieses Buches sicher bestimmen, hin und wieder wird der Hobbygärtner aber mit schriftlichen Bestimmungshilfen nicht zum Erfolg kommen. Dann sollte er sich an seinen Gärtner oder eine private bzw. öffentliche Beratungsstelle wenden, die eine präzise Diagnose erstellen kann. Eine Adressen-Auswahl finden Sie im Anhang des Buches.

Stuttgart, 1999 und 2003 Jochen Veser

Inhaltsverzeichnis

Schadursachen allgemeiner Bedeutung

Standortbedingungen

Jede Pflanzenart hat abhängig von ihrem natürlichen Vorkommen bestimmte Ansprüche an den Boden und das Klima. Manche Arten sind auf eng eingegrenzte Klima- und Bodenbedingungen angewiesen, andere sind sehr anpassungsfähig. Weichen die Bedingungen am Kulturstandort jedoch zu stark von den artspezifischen Ansprüchen ab, können die Pflanzen direkt geschädigt werden. Je weiter die Bedingungen in der Kultur vom artspezifischen Optimum abweichen, desto größer ist die Anfälligkeit für Krankheiten und Schädlinge.

Luftfeuchte in Wohnräumen. Besonders während der Heizperiode sind die Wachstumsbedingungen aufgrund der geringen Luftfeuchtigkeit in den Wohnräumen für die meisten Zimmerpflanzen ungünstig. Vertrocknete Blattspitzen und Blattränder können ein Hinweis auf zu **trockene Luft** sein. Blütenpflanzen reagieren häufig mit dem Abwerfen der Knospen oder Blüten. Spinnmilben (siehe Seite 37f.) lieben trockene Wärme und vermehren sich unter solchen Bedingungen besonders rasch. Zu feuchte Luft kommt in Wohnräumen selten vor.

In schlecht zu lüftenden Wintergärten oder Kleingewächshäusern können allerdings Bereiche mit sehr **hoher Luftfeuchte** vorhanden sein. Ist die Luft wassergesättigt, kann die Pflanze kein Wasser mehr über ihre Oberfläche verdunsten; der Nährstofftransport kommt praktisch zum Erliegen, Mangelerscheinungen können die Folge sein. Verkorkungen an Blättern und Stängeln lassen sich häufig auf zu hohe Luftfeuchtigkeit zurückführen. Darüber hinaus finden Pilzkrankheiten bei hoher Luftfeuchte – und damit verbundenen Blattnässeperioden – ideale Infektionsbedingungen.

Wasserhaushalt der Topfpflanze. Schäden an Pflanzen können auch durch ungeeignete Boden- bzw. Substratfeuchte verursacht werden. Topf- und Kübelpflanzen werden oft so häufig

Birkenfeige mit abgestorbenen Blattspitzen durch Lufttrockenheit.

Abgestorbene Wurzeln an Usambaraveilchen durch Staunässe.

gegossen, dass das Substrat nie abtrocknen kann. Die Wurzeln von Landpflanzen sind jedoch nicht auf **ständige Überflutung** eingerichtet, sondern benötigen Sauerstoff. Bei zu häufigem Gießen verdrängt das Wasser die Luft aus den Grobporen des Substrats und die Wurzeln sterben ab. Die Folgen sind im besten Fall Nährstoffmangelerscheinungen. Der Wurzelballen kann aber auch vollständig verfaulen, dann stirbt die ganze Pflanze. Feinkörnige Substrate neigen eher zu Sauerstoffmangel als Substrate mit ausreichendem Anteil an groben, langfristig strukturstabilen Bestandteilen wie zum Beispiel gebrochenem Blähton. Aus diesem Grund ist auch eine dauerhaft funktionsfähige Dränage auf dem Topfboden unverzichtbar. Diese kann durch die Verwendung von Tontopfscherben oder ähnlichem, sich nicht zersetzendem, grobem Material auf dem Topfboden sichergestellt werden. Sehr stark wurzelnde Pflanzen, die einen feinen Wurzelfilz bilden, können solche Dränagen allerdings innerhalb kurzer Zeit verstopfen. Daher muss die Funktionstüchtigkeit des Wasserabflusses regelmäßig überprüft werden. Pflanzen in Tontöpfen neigen etwas weniger zu Vernässungsschäden als Pflanzen in Kunststofftöpfen, da über die poröse Oberfläche des Tontopfs zusätzlich Wasser verdunstet wird.

Topfpflanzen, die auf der über dem Heizkörper befindlichen Fensterbank stehen, sind in den Wintermonaten durch **Trockenheit** gefährdet. Besonders bei stark torfhaltigen Substraten ist darauf zu achten, dass diese beim Austrocknen stark schrumpfen und sich nur noch schwer wieder benetzen lassen. Der Wurzelballen kann sich vom Topfrand lösen, wodurch hier ein schmaler Spalt entsteht. Beim Gießen läuft das Wasser in diesen Spalt, der trockene Ballen wird nicht benetzt. In solchen Fällen hilft kurzfristiges Tauchen des Topfes, damit sich der Wurzelballen wieder vollsaugen kann.

Im Winter vertrocknete Lebensbäume auf einer Dachterrasse.

Wasserhaushalt des Gartenbodens. Im Freiland ist die Wasserversorgung der Pflanzen auf sandigen, gut durchlässigen Böden kaum ein Problem. Staunässe kommt hier nicht vor und Wassermangel kann durch bedarfsgerechtes Gießen einfach behoben werden. Große Probleme können auf schweren, lehmigen Böden auftreten. Wenn diese zum Beispiel durch vergangene Baumaßnahmen Verdichtungshorizonte aufweisen, kann während längerer Regenperioden das Wasser im Wurzelbereich nicht versickern, die Wurzeln verfaulen. Muss der Garten auf solchen Böden angelegt werden, ist jedes Pflanzloch besonders großzügig auszuheben und mit einer Dränageschicht aus grobem Kies zu versehen. Auch **das richtige Gießen** in Trockenzeiten ist auf schweren Böden nicht einfach. Da das Gießwasser hier nur langsam in den Boden einsickert, wird meist eine zu geringe Wassermenge je Gießvorgang gegeben. Beim Aufgraben des soeben gewässerten Bodens zeigt sich dann, dass das Wasser nur wenige Zentimeter in den Boden eingedrungen ist. Grundsätzlich sollte deswegen in größeren Zeitabständen, dann aber durchdringend gegossen werden, das heißt die *gesamte* durchwurzelte Bodenschicht muss durchfeuchtet werden. Wird ein etwa 30 cm langer Pfahl senkrecht in den Boden eingegraben, kann dieser nach dem Gießen herausgenommen und die Durchfeuchtungstiefe im Loch bequem kontrolliert werden.

Im Garten werden die **Trockenschäden** meist nicht während der Vegetationsperiode verursacht. Häufig wird vergessen, dass immergrüne Pflanzen auch im Winter einen Wasserbedarf haben. Insbesondere in windexponierten und sonnigen Lagen (Dachgärten!) verdunstet die grüne Pflanze auch in der kalten Jahreszeit erhebliche Mengen Wasser. Ist nun der Wasservorrat im Boden nach einem trockenen Herbst gering und wird nicht gegossen, so kann die Pflanze den Wasserverlust durch Transpiration nicht ersetzen. Die Pflanze stirbt aufgrund **Frosttrocknis** ab. Diese Wintertrockenschäden äußern sich bei Koniferen meist erst mehrere Wochen bis Monate nach dem Schadereignis, wodurch die Zuordnung des Schadens zur Ursache erschwert wird. Um solche Schäden zu verhindern, müssen immergrüne Gehölze im Herbst vor den ersten Bodenfrösten nochmals durchdringend gegossen werden. In frostfreien Phasen während des Winters ist die Bodenfeuchte zu kontrollieren und bei Bedarf zu bewässern. Bei lang andauerndem Bodenfrost kann die Pflanze auch bei feuchtem Boden kein Wasser aufnehmen, besonders bei klarem, windigen Winterwetter verdunstet die Pflanze aber dennoch Wasser. Solche Extremsituationen können nur durch Schattierung mit Jutegewebe oder Schilfmatten entschärft werden. Dadurch kann die Transpirationsrate – und damit der Wasserverbrauch der Pflanzen – verringert werden.

Licht. Mangel oder Überschuss an Licht kann zu Pflanzenschäden führen. Zimmerpflanzen leiden sehr häufig unter **Lichtmangel**. Für die Beurteilung der für das Pflanzenwachstum maßgeblichen Lichtintensität ist das menschliche Auge nicht geeignet, deshalb werden die Lichtverhältnisse oft falsch eingeschätzt. Bei mäßigem Lichtmangel wachsen die Pflanzen einseitig in Richtung der Lichtquelle, es entstehen vergeilte (etiolierte) Triebe mit großen Abständen zwischen den Blattachseln sowie kleinen und dünnen Blättern. Mangelnde Ausfärbung der Blätter und Verlust von Panaschierungen deuten ebenfalls auf Lichtmangel hin. Unterschreitet die Lichtintensität das für die jeweilige Pflanzenart erforderliche Minimum, stellt die Pflanze das Wachstum ein und stirbt. Schäden durch zu **hohe Lichtintensität** treten oft nach dem Ausräumen von Kübelpflanzen im Frühjahr auf. Das im Überwinterungsraum gebildete Blattgewebe ist an die Lichtverhältnisse im Freiland nicht angepasst und reagiert mit Verbrennungen, betroffenes Gewebe stirbt ab. Werden Pflanzen aus dem Zimmer oder dem Gewächshaus ins Freie gestellt, sollte dies während einer trüben Witterungsphase geschehen. Vor direkter Sonneneinstrahlung muss das empfindliche Gewebe durch Schattierung mit zum Beispiel Jutegewebe geschützt werden. Bei Sonnenschein können Starklichtschäden an Blättern entstehen, auf denen sich Wassertropfen befinden. Der Wassertropfen wirkt als Sammellinse für die Sonnenstrahlen, wodurch punktförmige Gewebeverbrennungen entstehen. Beim Gießen an sonnigen Tagen muss daher die Benetzung des Laubs vermieden werden.

Temperatur. Einen großen Einfluss hat die Temperatur auf das Gedeihen der Pflanzen. Zu **hohe Temperaturen** entstehen im Hochsommer gelegentlich in schlecht gelüfteten Wintergärten oder Kleingewächshäusern. Die Blütenblätter färben sich unter diesen Bedingungen weniger intensiv. Steigen die Temperaturen zum Beispiel hinter Glasscheiben über das artspezifische Maximum an, kann junges Gewebe absterben. Zu tiefe, aber noch über dem Gefrierpunkt liegende Temperaturen hemmen das Wachstum der Pflanzen. **Tiefe Bodentemperaturen** reduzieren die Aktivität der Wurzeln und können so zu Nährstoffmangelsymptomen führen („Schlechtwetterchlorosen"). Bei der Aussaat oder der Stecklingsvermehrung kann durch die Einhaltung der artspezifisch optimalen Temperatur die Phase höchster Krankheitsanfälligkeit für die empfindlichen Sämlinge und Jungpflanzen auf ein Mindestmaß reduziert werden.

Korallenstrauch mit weichen, vergeilten Trieben durch zu dunkle Überwinterung.

Frost kann Pflanzen auf verschiedene Arten schädigen. Durch überraschende **Frühfröste** im Herbst können nicht winterharte Kübelpflanzen geschädigt werden. Unter bestimmten Voraussetzungen können Frühfröste auch in unseren Breiten winterharte Freilandpflanzen schädigen.

Sonnenbrand an Blättern einer Forsythie nach Schnittmaßnahmen.

Verbräunte Blütenblätter an einer Sternmagnolie durch Spätfrost.

Abgestorbene weiche Triebe an einem Buchsbaum durch Spätfrost.

Besonders gefährdet sind Gehölze, die noch spät im Jahr mit Stickstoff gedüngt wurden oder unter Krankheiten litten, die zu einem vorzeitigen Laubfall führten. Solche Pflanzen werden zu einem späten Nottrieb angeregt, das Holz kann nicht genügend ausreifen und erreicht keine ausreichende Frosthärte. Optimal gepflegte und für die jeweilige Region ausreichend winterharte Gehölze werden dagegen kaum durch Winterfröste geschädigt. Eine Ausnahme ist der indirekte Schaden durch Frosttrocknis. **Spätfrost** kann an frühblühenden und frühaustreibenden Pflanzen Schäden verursachen. Häufig betroffen sind Magnolien, deren Blüten nach einer einzigen Frostnacht verbräunt sein können. In manchen Jahren fällt die gesamte Kirsch-, seltener auch die Apfelblüte den Spätfrösten zum Opfer, massive Ertragsausfälle sind die Folge. Die *Pseudomonas*-Krankheit (siehe Seite 19) an Flieder oder Forsythie wird durch Spätfröste deutlich gefördert. Durch die Frosteinwirkung entstehen am Austrieb kleine Gewe-

Nach einem Sturm abgebrochener, teilweise hohler Apfelbaum.

beverletzungen, über die Bakterien in die Pflanze eindringen können. Da bei Spätfrostschäden aber meist nur das neue, noch weiche Gewebe in Mitleidenschaft gezogen wird, werden in der Regel keine nachhaltigen Schäden verursacht. Maßnahmen gegen Spätfröste sind im Garten nur durch kurzfristige Schutzmaßnahmen für angetriebene Gehölze oder Stauden zum Beispiel durch Schilfmatten möglich.

Wind. Die Verdunstungsrate immergrüner Pflanzen wird im Winter entscheidend durch den Wind beeinflusst. In windexponierten Lagen ist daher in der kalten Jahreszeit die Gefahr eines Schadens durch Frosttrocknis deutlich erhöht. Immergrüne Gehölze in beweglichen Pflanzgefäßen auf Dachgärten oder Balkonen sollten im Winter in windgeschützte Ecken geräumt werden, um sie der austrocknenden Wirkung des Windes zu entziehen. Starker Wind schädigt während der Vegetationsperiode vor allem Pflanzen mit großem, weichem Laub. Die Blattspreite zerreißt und kann je nach Schädigungsgrad absterben. Hohe Bäume sind großen Belastungen durch Starkwinde ausgesetzt, die zum Bruch der Äste oder des Stammes bzw. zum Kippen des Baumes mitsamt seinem Wurzelteller führen können. Windwurfgefährdet sind besonders Bäume, in deren Wurzelbereich Grabungen oder sonstige, die Wurzeln schädigende Maßnahmen stattgefunden haben. Windbruch ist vor allem bei Bäumen mit Faulstellen zu befürchten. Es sollte auch darauf geachtet werden, ob in der näheren Umgebung des Baumes Veränderungen durch Neubauten oder Abriss von Gebäuden stattfinden. Der Baum kann auf schlagartig erhöhte Windbelastungen auf einer Seite, die früher dem Wind nicht ausgesetzt war, nicht reagieren und bricht oder wird geworfen.

Löcher im Blattgewebe der Japanischen Pestwurz nach Hagelschlag.

Niederschläge. In Form von **Hagel** können Niederschläge Pflanzen direkt schädigen. Betroffen sind nicht nur weichlaubige Gewächse. Große Schäden können an Kernobst verursacht werden, da die verletzten Früchte nicht mehr lagerfähig sind. Hagel spielt aber auch eine große Rolle im Zusammenhang mit einigen Krankheitserregern (zum Beispiel Feuerbrand, siehe Seite 16ff.), die durch die Gewebeverletzungen ideale Infektionspforten an den Pflanzen vorfinden. Ergiebige Regenfälle während der Kirschernte können zum Platzen der reifen Früchte führen.

Bodeneigenschaften. Einen entscheidenden Einfluss auf die Gesundheit der Pflanzen hat naturgemäß der Boden bzw. das Substrat. Ungünstige physikalische Eigenschaften wie zum Beispiel Verdichtungen können zu Staunässeschäden an den Wurzeln führen. Ein zu hoher **Salzgehalt** des Bodens durch den Eintrag von Streusalz oder durch Überdüngung kann die Wurzeln ebenfalls stark schädigen und zum Absterben bringen. Besonders in Topfkulturen, die viele Jahre gepflegt werden, treten solche Versalzungsschäden infolge einer Anreicherung von Düngesalzen sehr häufig auf. Bei den Moorbeetpflanzen ist der **Säuregrad** oder pH-

Eisenmangel an Zierquitte.

Absterbender Ahorn durch Bodenanfüllung am Stamm.

Wert des Bodens oft der begrenzende Faktor für eine Pflanzung. Da vor allem die Aufnahme der Spurennährstoffe stark vom pH-Wert des Bodens abhängt, zeigen Pflanzen auf ungeeigneten Böden typische Nährstoffmangelsymptome. Meist sind zu hohe pH-Werte für die Festlegung der Nährstoffe im Boden verantwortlich. Dem kann nur durch eine entsprechende Bodenverbesserung mit Torf oder gezielte Zuführung von Spurennährstoffen (siehe Seite 136) begegnet werden. Um die Situation im eigenen Garten einschätzen zu können, ist es ratsam, in regelmäßigen Abständen **Bodenuntersuchungen** (siehe Seite 188) durchführen zu lassen.

Fehler bei der Pflanzung

Die richtige Pflanztiefe. Durch Unkenntnis oder Unachtsamkeit werden sehr häufig gravierende Fehler schon beim Pflanzvorgang gemacht, die sich besonders bei Gehölzen oft erst Jahre später negativ auf die Vitalität der Pflanzen auswirken. So kümmern Gehölze nicht selten deshalb, weil sie zu tief gepflanzt wurden oder weil Boden unmittelbar am Gehölz aufgefüllt wurde. Dadurch geraten die Wurzeln in schlecht sauerstoffversorgte Bodenschichten, wo sie kaum mehr zur Wasser- und Nährstoffaufnahme fähig sind. Ist die Pflanze nicht in der Lage, rechtzeitig neue Wurzeln in den oberen Bodenschichten auszubilden, stirbt sie bald ab. Große Gehölze sollten aus diesem Grund sogar eher etwas flacher gepflanzt werden, als sie in der Baumschule standen. Denn der vorher gut vorbereitete Boden setzt sich durch das große Gewicht der Pflanze samt Erdballen noch, die Pflanze kann so einige Zentimeter absinken.

Transport der Pflanze. Bei Gehölzen ohne Ballen ist auf einen schonenden Transport und eine möglichst kurze Lagerzeit vor der Pflanzung zu achten, da die freiliegenden Wurzeln sehr schnell austrocknen.

Wässern des Ballens. Bei Ballenpflanzen, besonders aber bei Gehölzen und Stauden, die in sehr torfhaltigen Substraten angezogen wurden, muss vor der Pflanzung die Feuchte des Wurzelballens überprüft werden. Ist er sehr trocken, sollten die Ballen für kurze Zeit ins Wasser getaucht werden, damit sie sich wieder vollsaugen können. Werden ausgetrocknete Ballen mit hohem Torfgehalt gepflanzt, muss damit gerechnet werden, dass auch bei feuchtem Umgebungsboden die Durchfeuchtung des Ballens trotz intensivem Angießen sehr lange Zeit in Anspruch nimmt.

Ballentuch lösen. Ein bei kümmernden Gehölzen erschreckend oft nachzuweisender Pflanzfehler sind eingewachsene Ballentücher. Nach dem Hineinstellen des Gehölzes in das Pflanzloch *müssen* sie an der Verknotung aufgeschnitten werden. Auch Jutetücher zersetzen sich manchmal so langsam, dass der Stammumfang des Baumes vor der vollständigen Zersetzung des Ballentuches ein größeres Ausmaß erreicht als die Öffnung am Ballentuch zulässt. Ähnliche Abschnürungen können durch vergessene und mit den Jahren eingewachsene Seile an den Stämmen von Gehölzen entstehen.

Wasser- und Nährstoffversorgung nach der Pflanzung. Je nach Größe der Pflanze ist in den ersten Wochen (Stauden) bis Jahren (Großgehölze) nach der Pflanzung eine ausgeglichene Wasser- und Nährstoffversorgung sicherzustellen.

Eingewachsener Draht an Wacholder.

Längsschnitt durch den Einschnürungsbereich.

Viruskrankheiten

Pflanzenschädliche **Viren** sind nur mithilfe eines Elektronenmikroskops sichtbar. Diese Parasiten können sich ausschließlich in lebenden Zellen vermehren. Sie besitzen keinen eigenen Stoffwechsel, sondern nutzen die Syntheseleistung ihrer Wirte für sich aus. Sie werden daher nicht zu den Lebewesen gerechnet. Manche optisch reizvolle Veränderung an Pflanzen wird durch Viren verursacht. Bekannt sind zum Beispiel die Blattpanaschierungen bei der Schönmalve, *Abutilon* sp., oder manche geflammte Tulpensorte. Viren sind nicht in der Lage, in eine unverletzte Pflanze aktiv einzudringen. Sie sind auf Verletzungen oder direkten Kontakt zwischen den Pflanzen angewiesen (Wurzelverwachsungen, Veredlung!).

Viren werden häufig von Pflanzenschädlingen wie zum Beispiel Blattläusen übertragen. Diese werden als Vektoren bezeichnet und nehmen beim Saugen an einer viruskranken Pflanze Viren auf, die dann an die folgenden Nahrungspflanzen übertragen werden können. Bei einigen Viren ist die Übertragung auf die Folgegeneration durch Pollen oder Samen möglich. Viruskranke Pflanzen werden oft gar nicht als solche erkannt, da sie nicht immer auffällige Symptome zeigen, die Pflanzen wachsen nur etwas schwächer (latenter Befall). Einige Viren verursachen jedoch massive Schäden, die auch zum Absterben der befallenen Pflanzen führen können. Typische Virussymptome sind bandförmige, ringförmige oder netzartige Chlorosen an den Blättern. Sie sind oft nur schwach ausgeprägt und werden häufig übersehen. Die Symptome werden dann besonders deutlich, wenn sich die

Chlorosen und Blattdeformationen an einer Esche durch ein Virus.

Diffuse Blattflecken an einem Rosenblatt durch ein Virus.

Zierende Blattpanaschierung an einer Schönmalve durch ein Virus.

Pflanze in einer Stresssituation (zum Beispiel durch Trockenheit oder Hitze) befindet. Viren verursachen auch Formveränderungen an pflanzlichen Organen.

Bei der Vermehrung im Erwerbsanbau kann durch Wärmetherapie der Neuzuwachs der virusinfizierten Pflanzen erregerfrei gemacht werden. Die jüngsten Gewebebereiche werden entnommen, bevor sie vom Virus befallen werden können. Auf diese Weise kann virusfreies Pflanzgut gewonnen werden. Viruskrankheiten können im Hausgarten nicht direkt bekämpft werden, hier sind nur vorbeugende Maßnahmen möglich. Beim Schnitt sollten augenscheinlich viruskranke Pflanzen *am Schluss* geschnitten werden, um eine Übertragung der Viren durch die Schnittwerkzeuge zu verhindern. Da Viren auch außerhalb ihrer Wirtspflanzen sehr lange Zeit aktiv bleiben können, müssen die Schnittwerkzeuge anschließend desinfiziert werden. Am sichersten geschieht dies durch Hitze, die Messerklingen können ausgekocht oder in einer Flamme desinfiziert werden. Bei Gemüse oder Sommerblumen darf von viruskranken Pflanzen kein Saatgut gewonnen werden. In manchen Fällen kann auch durch konsequente Bekämpfung der Überträger (Vektoren) die Virusverbreitung eingeschränkt werden.

Beim Neukauf von Pflanzen, insbesondere Obstgehölzen, ist darauf zu achten, dass nur virusfreie Pflanzen eingekauft werden. Dabei wird zwischen Standardmaterial und anerkanntem Material unterschieden, wobei letzteres zusätzlich zu betriebsinternen Kontrollen und Aufzeichnungen durch den amtlichen Pflanzenschutzdienst kontrolliert wird.

Der höhere Preis virusfreier Pflanzen macht sich durch gesunden Wuchs und bessere Erntequalität bezahlt.

Bakterienkrankheiten

Im Hausgarten kommen im Verhältnis zur Vielzahl der Pilzkrankheiten nur wenige pflanzenschädliche Bakterienarten vor. Diese können jedoch den Anbau bestimmter Pflanzenarten unmöglich machen. Bakterien sind einzellige, im Lichtmikroskop noch erkennbare Lebewesen, die organische Substanzen besiedeln. Alle pflanzenschädigenden Bakterien weisen neben ihren parasitischen Lebensabschnitten, in denen sie ihre Wirtspflanze schädigen, auch Phasen auf, in denen sie sich saprophytisch, das heißt von abgestorbener organischer Substanz, ernähren. Sie vermehren sich in der Regel durch Zellteilung und können so bei günstigen Umweltbedingungen (meist feuchte Wärme) in kürzester Zeit enorme Populationsdichten erreichen. Im folgenden Abschnitt werden drei der wichtigsten Bakterienerkrankungen an Pflanzen im Garten vorgestellt.

Feuerbrand

Das **Feuerbrandbakterium**, *Erwinia amylovora*, wurde erst Mitte des zwanzigsten Jahrhunderts aus Nordamerika eingeschleppt, hat sich aber inzwischen in weiten Teilen Europas ausgebreitet. Die letzte große Infektionswelle trat witterungsbedingt in den Jahren 1993 bis 1996 in Süddeutschland auf.

Befallen werden in der Natur nur die apfelfrüchtigen Rosengewächse. Dazu gehört neben den Frucht- und Zierformen des Apfels, *Malus*, und der Birne, *Pyrus*, auch die Quitte, *Cydonia*. Unter den Felsenmispeln sind *Cotoneaster salicifolius* und *Cotoneaster*-Watereri-Hybriden, unter den Weißdorn-Arten der Weißdorn, *Crataegus monogyna*, und der Rotdorn, *Crataegus laevigata*, unter den Sorbus-Arten die Mehlbeere, *Sorbus aria*, besonders anfällig. Auch das selten angepflanzte Funkenblatt, *Photinia davidiana*, gilt als hochanfällige Wirtspflanze für das Feuerbrandbakterium. Gelegentlich werden auch Zierquitten, *Chaenomeles*-Arten und -Hybriden, und der Feuerdorn, *Pyracantha coccinea*, befallen.

Als typisches Symptom gilt das krückstockartige Verkrümmen der Triebspitzen. Damit wird das Erscheinungsbild zwar recht gut getroffen, allerdings reagieren Gehölze auf andere Störungen im Wassertransport ebenso. Einziges sicheres Erkennungsmerkmal sind die bei feuchtem Wetter auf den Trieben, bei Apfel und Birne auch auf den Früchten erscheinenden Schleimtropfen. Diese je nach Alter und Witterung nahezu glasklaren bis bernsteinfarbigen Schleimtropfen beinhalten Millionen kleinster Bakterien. Vögel, Insekten, aber auch Menschen bei Pflegearbeiten in Gehölzbeständen verbreiten diese Bakterien auf andere Wirtspflanzen.

Die Massenverbreitung der Bakterien findet im Frühjahr während der Blüte der Kernobstgehölze statt. Ist es während dieser Zeit feucht und warm, können sich die Bakterien besonders erfolgreich vermehren und es ist eine explosionsartige Verbreitung der Krankheit zu erwarten. Die Bakterien werden durch Insekten in offene Blüten transportiert und dringen von hier aus durch den Blütenstiel in den Trieb vor. Infizierte Blüten sehen braunschwarz aus; Blätter, in die der Erreger einwächst, verfärben sich von der Mittelrippe ausgehend ebenfalls dunkel. Außer über die Blüte kann der Erreger auch über Verletzungen in die Wirtspflanze eindringen. Auf diesem Weg können nach Hagel im Hochsommer erneute Infektionen stattfinden. Der Erreger kann bis ins alte Holz einwandern, wo er in der Rinde überdauert. Diese als Canker bezeichneten Bereiche sind etwas eingesunken und verbräunt. Bei steigenden Temperaturen im Frühjahr vermehren sich die Bakterien in den Randbereichen der Canker sehr schnell und eine erneute Verbreitung des Erregers kann beginnen.

Starker Feuerbrandbefall an einer großblättrigen Felsenmispel.

[!] Die gewissenhafte Kontrolle gefährdeter Gehölze im Garten ist die wichtigste Bekämpfungsmaßnahme. Werden Feuerbrandsymptome entdeckt, müssen befallene Pflanzenteile sehr *großzügig* entfernt werden. Dazu muss ein Ast mindestens 30 bis 50 cm unterhalb der sichtbaren Schadstelle entfernt werden. Dies ist notwendig, da der Erreger schon in das noch gesund erscheinende Holz vorgedrungen sein kann. Entscheidend ist die sachgerechte Entsorgung des befallenen Pflanzenmaterials. Da der Erreger auf Schnittholz überdauern kann und in den im Hausgarten eingesetzten Kompostmieten keine für die Abtötung des Erregers ausreichend hohen Temperaturen entstehen, muss das befallene Material verbrannt oder über den Hausmüll entsorgt werden. In einer gewerblichen Kom-

Triebwelke an Feuerdorn durch Feuerbrand.

Durch Feuerbrand abgestorbener Quittentrieb mit Fruchtansatz.

Canker am Zweig einer Felsenmispel.

postieranlage ist die Abtötung des Bakteriums durch die dort entstehenden hohen Temperaturen gewährleistet. Schnittwerkzeuge müssen vor der Benutzung an anderen Wirtspflanzen zum Beispiel in kochendem Wasser desinfiziert werden. Im übrigen sollte in gefährdeten Regionen auf die Anpflanzung hochanfälliger Wirtspflanzen wie die *Cotoneaster salicifolius*-Sorten ganz verzichtet werden. Auch bei den Apfel- und Birnensorten gibt es Beobachtungen, dass einige Sorten weniger anfällig sind. Für das Feuerbrandbakterium weniger anfällige Apfelsorten sind zum Beispiel 'Florina', 'Liberty', 'Ontario', 'Reanda', 'Remo', 'Rene' und 'Rewena'. Als weniger anfällig gilt auch die Birnensorte 'Gute Luise'. Allerdings liegen bezüglich der Sortenanfälligkeit von Kernobst bislang noch zu wenige langjährige Erkenntnisse vor, um abschließende Empfehlungen geben zu können.

Für die Bekämpfung von Bakterienkrankheiten sind keine Pflanzenschutzmittel ausgewiesen. In den Jahren seit 1993 wurde allerdings der Einsatz eines Antibiotikums mit dem Wirkstoff Streptomycinsulfat jeweils unter sehr strengen Auflagen für eng begrenzte Anwendungsbereiche per Sondergenehmigung ermöglicht. Diese Ausnahmegenehmigung betraf aber nur den Erwerbsanbau von Obst und Ziergehölzen. Einige fungizide Wirkstoffe besitzen allerdings eine Nebenwirkung gegen Bakterien. Regelmäßige, in kurzen zeitlichen Abständen durchgeführte Spritzungen mit kupferhaltigen Fungiziden könnten die Gehölze vor Triebinfektionen schützen, eine Ausweisung für diese Indikation besteht derzeit jedoch nicht. Allerdings können Kupferpräparate nur die Oberfläche der Pflanzen vor Infektionen schützen, der Wirkstoff dringt nicht in die Pflanze ein. Wird der Schutzfilm zum Beispiel durch Regen, Wachstum der Pflanze oder Ver-

Abgestorbene Austriebe an einer Forsythie nach einer Pseudomonas-Infektion.

letzungen zerstört, ist eine Infektion wieder möglich. Zur Bekämpfung der Feuerbrandkrankheit wurden zahlreiche Versuche mit Präparaten auf pflanzlicher und mineralischer Basis sowie mit natürlichen Gegenspielern begonnen, die aber noch zu keinen abschließenden Ergebnissen geführt haben. Die große Bedeutung der Feuerbrandkrankheit spiegelt sich in der Feuerbrandverordnung wieder. Darin wurden rechtliche Grundlagen für Gegenmaßnahmen geschaffen, die von einer Meldepflicht bis zu Anbauverboten reichen können.

Bakterienbrand

Ganz ähnliche Symptome wie durch das Feuerbrandbakterium können nach einer Infektion durch *Pseudomonas syringae* beobachtet werden. Der **Bakterienbrand** befällt sehr viele Laubgehölze, besonders anfällig sind Flieder – *Syringa*, Forsythien – *Forsythia*, Birnen – *Pyrus* und Kirschen – *Prunus*.

Nekrosen am Fliedertrieb nach einer Pseudomonas-Infektion.

Die Infektionen werden durch feuchtkühle Witterungsverhältnisse begünstigt. Nach Spätfrösten tritt der Erreger verstärkt auf, da er über kleine, vom Frost verursachte Verletzungen am jungen Gewebe besonders effektiv infizieren kann. An Kirschen dringt der Erreger oft schon im Herbst über die Blattstielnarben ein und breitet sich im Rindengewebe aus. Dieses reagiert mit Rindenbrandsymptomen und Gummifluss, betroffene Triebe können absterben. Bei Flieder, Forsythien und Birnen beschränkt sich der Schaden durch *Pseudomonas*-Befall meist auf die weichen Austriebe und erfaßt nicht das verholzte Gewebe.

Befallene Triebe müssen entfernt und vernichtet werden. Aufgrund fehlender Ausweisung ist der Einsatz kupferhaltiger Fungizide, insbesondere bei Kirschen zum Schutz der Blattnarben während des Blattfalls im Herbst, derzeit nicht möglich. Grundsätzlich wäre auch eine Reduzierung der Triebinfektionen im Frühjahr durch entsprechende Spritzungen während des Austriebs möglich. Allerdings kann das empfindliche Gewebe durch die Spritzung auch geschädigt werden.

Wucherungen am Wurzelhals einer Kriechspindel durch Agrobacterium.

Wurzelkropf

Praktisch alle Laubgehölze können vom **Wurzelkropfbakterium**, *Agrobacterium tumefaciens*, befallen werden. Eine Infektion ruft auffällige Gewebeveränderungen an der Wirtspflanze hervor. Häufig im Wurzel- oder Wurzelhalsbereich, aber auch an oberirdischen Pflanzenteilen, bilden sich knorpelige Wucherungen, die mit Gewebe gefüllt sind. Durch diese Wucherungen wird der Wasser- und Assimilattransport gestört, die Pflanze bzw. der betroffene Pflanzenteil kümmert und kann bei starkem Befall nach einigen Jahren absterben. Die Bakterien dringen meist über die Wurzeln, aber auch über oberirdische Verletzungen in die Pflanze ein und werden mit dem Saftstrom in der Pflanze verbreitet. Über die auf *staunassen* Böden vergrößerten Lentizellen (Korkwarzen, die dem Gasaustausch dienen) an den Wurzeln können die Bakterien besonders gut eindringen.

Das Wegschneiden der Wucherungen ist nur eine kosmetische Maßnahme, der Erreger kann dadurch nicht aus der Pflanze entfernt werden. Maß-

Basistrieb einer Kletterrose mit Wucherungen durch Agrobacterium.

Wucherungen an einem Forsythientrieb durch Agrobacterium.

nahmen gegen den Erreger werden dadurch erschwert, dass er jahrelang im Boden überdauern kann. Ist eine Pflanze an der Wurzelkropfkrankheit zugrundegegangen und soll an der gleichen Stelle nachgepflanzt werden, muss ein sehr großzügiger Bodenaustausch vorgenommen werden. Ist dies nicht möglich, sollten Nadelgehölze oder krautige Pflanzen als Ersatzpflanzen gewählt werden, da diese nicht zum Wirtspflanzenkreis des Wurzelkropfbakteriums gehören.

Pilzkrankheiten

Der Pilzorganismus setzt sich aus Pilzfäden (Hyphen) zusammen, die in ihrer Gesamtheit als Mycel bezeichnet werden. Pilze können sowohl auf geschlechtlichem als auch auf ungeschlechtlichem Wege Sporen produzieren, die der Verbreitung oder der Überdauerung dienen. Die Sporen werden meist in artspezifischen Fruchtkörpern gebildet, die oft als kleine Pusteln am befallenen Organ zu finden sind. Die hut- und konsolenförmigen Fruchtkörper der holzbewohnenden Pilzarten sind sehr hoch entwickelte Fruchtkörperformen. Die Sporen gelangen durch Wind, Wasserspritzer oder Insekten auf andere Wirtspflanzen und keimen dort aus. Pilzliche Erreger nutzen oft Verletzungen der Pflanze als Eintrittspforten, sie können aber auch über die intakte Pflanzenoberfläche eindringen.

Pilzliche Organismen können fast immer auf geschädigten Pflanzenteilen nachgewiesen werden. Allerdings sind die dort gefundenen Pilze nicht immer die Auslöser der Schäden. Der Übergang zwischen echten Parasiten, die gesunde Pflanzen infizieren und schädigen, Schwächeparasiten, die nur vorgeschädigte Pflanzen befallen können und Saprophyten, die abgestorbenes pflanzliches Gewebe besiedeln, ist oft fließend.

Vor der Einleitung von Bekämpfungsmaßnahmen muss daher der Erreger bestimmt und es muss geklärt werden, ob es sich um einen primären Schadpilz handelt. Ist die Besiedlung durch den Pilz nur die Folge einer vorangegangenen Schädigung (andere Erreger, nichtparasitäre Ursachen), müssen zunächst die Ursachen für die Vorschädigung beseitigt werden; eine Bekämpfung ist dann oft nicht notwendig. Zur Bekämpfung mancher Pilzkrankheiten stehen Pflanzenschutzmittel zur Verfügung. Die meisten Präparate können aber lediglich die Infektion verhindern. Ist der Erreger erst einmal in die Pflanze eingedrungen, ist er kaum noch zu bekämpfen. Daher sind Kenntnisse über den Infektionszeitpunkt der Pilzart von entscheidender Bedeutung für den Bekämpfungserfolg.

Hallimasch

An Gehölzen treten **Hallimaschpilze**, *Armillaria* sp., sehr häufig auf. Einige Arten sind aggressive Primärparasiten, andere Arten besiedeln abge-

Hallimaschmycel am Stamm eines Apfelbaumes.

Fächermycel des Hallimasch unter der Rinde.

Rhizomorphen auf dem Holzkörper eines abgestorbenen Ahorn.

storbene oder sehr geschwächte Gehölze. Es können praktisch alle Laub- und Nadelgehölze befallen werden. Sammler von Speisepilzen kennen die meist an abgestorbenen Baumstümpfen büschelig wachsenden, bis 15 cm hohen, hutförmigen Fruchtkörper des Hallimaschpilzes.

Die verschiedenen Hallimascharten bilden unterschiedliche Hutformen aus, beim häufigen **Honiggelben Hallimasch**, *Armillaria mellea*, ist die Oberseite des Hutes gelblichbraun, die Lamellen an der Unterseite verfärben sich von Weiß nach Gelb. Die Fruchtkörper werden erst mehrere Jahre nach der Infektion gebildet. Lange vorher kann bei befallenen Gehölzen unter der Rinde des Wurzel- und Stammfußbereichs das auffällige weiße, fächerartige Mycel gefunden werden. Unter der Borke oder im Boden sind manchmal auch schwarzbraune, bis 2 mm dicke Mycelstränge, die Rhizomorphen, zu finden. Sie dienen vor allem der Ausbreitung des Pilzes im Boden von Wirtspflanze zu Wirtspflanze. Der Erreger nutzt meist Wurzelverletzungen als Eintrittspforten, bei trockenheits- oder staunässegeschädigten Gehölzen dringt er auch über unverletzte Wurzeln ein. Wurzelverwachsungen haben für die Ausbreitung des Erregers in einem geschlossenen Gehölzbestand oder in Hecken eine große Bedeutung. Nachdem er in die Pflanze eingedrungen ist, wächst der Pilz im Kambium aufwärts, das er nach und nach abtötet. Erfasst der auch als „Kambiumkiller" bezeichnete Hallimasch den gesamten Stammumfang, kann keine Versorgung der Pflanze mehr stattfinden, sie stirbt ab.

Seltener tritt der Hallimaschpilz als Weißfäuleerreger im Kernholz von Bäumen auf, ohne das Kambium in Mitleidenschaft zu ziehen. Die Versorgung derart befallener Bäume ist dann zwar ungestört, die Standsicherheit wird jedoch reduziert.

Wird Hallimaschbefall nachgewiesen, sind direkte Gegenmaßnahmen nicht mehr möglich. Befallene Gehölze müssen sofort gerodet werden. Da der Hallimaschpilz auch als Saprophyt auf abgestorbenem Holz wächst und dieses zersetzt, darf kein Totholz im Boden verbleiben, das als Infektionsquelle für benachbarte bzw. nachgepflanzte Gehölze dienen könnte. Deshalb müssen auch alte Baumpfähle vollständig entfernt werden. Diese dürfen nicht wiederverwendet werden, da über diesen Weg ebenfalls eine Verschleppung des Pilzes möglich ist. Soll an derselben Stelle nachgepflanzt werden, muss ein sehr großes Pflanzloch ausgehoben und zum Auffüllen Boden aus Gartenbereichen verwendet werden, die mit großer Wahrscheinlichkeit frei vom Hallimaschpilz sind. Boden von langjährig genutzten Gemüse- oder Sommerblumenbeeten mit größtmöglicher Entfernung zu Gehölzpflanzungen erfüllt diese Bedingung.

Ebenso kann durch entsprechende standortgerechte Artenauswahl, Vermeidung jeglicher Stresssituation (Dränage in zur Staunässe neigenden Böden, optimale Wasserversorgung) und Verhinderung von Wurzelverletzungen (Grabungen und Bodenbearbeitung im Wurzelbereich von Gehölzen vermeiden) einer Infektion durch den Hallimaschpilz vorgebeugt werden.

Phytophthora sp.

Pilze der Gattung *Phytophthora* haben im Pflanzenbau eine große Bedeutung. Der Pilz dringt meist über die Wurzeln in seine Wirtspflanze ein. *Phytophthora*-**Pilze** verursachen Fäulnis des Wurzel- oder Wurzelhalsgewebes und bringen die befallenen Pflanzen zum Absterben. Der Erreger überdauert mit-

Verticillium-Befall an einem Essigbaum.

Ringförmige Verfärbung eines Ahornastquerschnittes nach Verticillium-Befall.

hilfe widerstandsfähiger Dauersporen im Boden. *Phytophthora*-Arten können auch Fruchtfäulen, Blattflecken und Triebsterben verursachen. Tritt der Erreger als Stammfußfäule an Gehölzen auf, so ist eine Bekämpfung praktisch nicht möglich.

Anfällige Gehölze dürfen keinesfalls auf schweren, staunassen Böden stehen. Da der Erreger sehr widerstandsfähige Dauersporen ausbildet, muss vor einer Nachpflanzung das Erdreich großzügig ausgetauscht werden. Gießbehandlungen mit Fungiziden sind bei größeren Pflanzen kaum Erfolg versprechend. Bei krautigen Pflanzen können Fungizide (siehe Seite 165ff.) eingesetzt werden.

Pilzliche Welkeerreger

Eine Infektion krautiger oder holziger Pflanzen durch *Fusarium* sp. oder *Verticillium* sp. führt zum Abwelken von Pflanzenteilen oder ganzen Pflanzen. Diese **Welkepilze** infizieren meist über die Wurzel oder den Wurzelhals. Ist der Erreger in die Pflanze eingedrungen, wächst sein Mycel in den Leitungsbahnen weiter, die dadurch verstopft werden. Vom Pilz produzierte Giftstoffe verstärken die Welke. Die infizierte Pflanze reagiert auf einen Befall mit dem Versuch, die befallenen Bereiche abzuschotten und damit dem Pilz eine weitere Ausbreitung innerhalb der Pflanze unmöglich zu machen. Allerdings werden die Leitungsbahnen durch diese Thyllenbildung auch für Wasser und Assimilate undurchlässig; das Welkesymptom wird verstärkt. Dauerorgane der Pilze bleiben im Boden *jahrelang* infektiös.

Hat eine Infektion stattgefunden, so müssen zumindest bei Gehölzen nicht unmittelbar anschließend Schadsymptome erkennbar werden. Dies ist darauf zurückzuführen, dass nicht immer alle aktiven Leitungsbahnen des betroffenen Triebes besiedelt werden. Hat die Pflanze in solch einer Situation ausreichend Wasser zur Verfügung und sind die Witterungsbedingungen günstig, werden keine Welkesymptome ausgebildet. Sobald die befallene Pflanze in heißen Trockenperioden jedoch in Wasserstress gerät, stellen sich die Welkesymptome schlagartig ein. Da Gehölze jedes Jahr einen neuen Ring Leitungsbahnen bilden, die erneut vom Erreger besiedelt werden müssen, kann ein infiziertes Gehölz bei guten Standortbedingungen und sonst guter Gesundheit eine *Verticillium*-Infektion jahrelang überleben. Solche langjährigen Besiedlungen können im Querschnitt von abgestorbenen Ästen manchmal beobachtet werden. Dann sind ringförmig angeordnete grüne bis schwarze Verfärbungen im Bereich der Leitungsbahnen mehrerer Jahrgänge zu erkennen.

Fusarium-Pilze treten meist an krautigen Pflanzen auf. Dagegen befällt *Verticillium* sp. einen sehr großen Wirtspflanzenkreis, darunter praktisch alle Laubgehölze. Besonders anfällig sind der Trompetenbaum, *Catalpa bignonioides*, Ahorn-Arten, insbesondere *Acer palmatum*-Sorten, der Essigbaum, *Rhus typhina* und der Perückenstrauch, *Cotinus coggygria*.

Auffallend oft können Welkesymptome bei Kugelformen von Trompetenbaum, *Catalpa bignonioides* 'Nana', und Robinie, *Robinia pseudoacacia* 'Umbraculifera', auf einen Befall mit *Verticillium* sp. zurückgeführt werden. Bei diesen Wuchsformen entspringen viele Leitäste direkt aus der Veredlung. Die Konkurrenz der Triebe um das Wasser führt zu einer schnelleren Ausprägung der Welkesymptome.

Wird ein Befall an Gehölzen festgestellt, so können kaum direkte

Bekämpfungsmaßnahmen ergriffen werden. Abgestorbene Astpartien sollten ausgeschnitten werden. Es muss allerdings damit gerechnet werden, dass die Erkrankung trotz Schnittmaßnahmen weiter fortschreitet, da sich der Erreger meist schon über die ganze Pflanze ausgebreitet hat. Muss ein befallenes Gehölz gerodet werden, sollte möglichst mit weniger anfälligen Arten – insbesondere Nadelgehölzen – nachgepflanzt werden (langjährige Überdauerung des Erregers im Boden!). Auf jeden Fall muss vor einer Neupflanzung ein großzügiger Bodenaustausch vorgenommen werden, um den Erreger zumindest aus dem unmittelbaren Wurzelbereich des Gehölzes zu eliminieren. Bei der Pflanzung muss ganz besonders auf die Vermeidung jeglicher Wurzel- oder Wurzelhalsverletzung geachtet werden, da der Erreger bevorzugt über solche Wunden eindringt.

Rotpustel

In den Wintermonaten können an Ästen und Zweigen vieler Laubgehölze auffällige, etwa stecknadelkopfgroße, orangerot gefärbte Pusteln festgestellt werden. Hier werden ungeschlechtliche Sporen (Konidiosporen) produziert, die weitere Äste infizieren können. Im Laufe des Frühjahrs können von den in den Fruchtkörpern von *Nectria cinnabarina* gebildeten geschlechtlichen Sporen (Ascosporen) weitere Infektionen ausgehen. Der **Rotpustelpilz** besiedelt hauptsächlich totes Astmaterial und baut dieses ab. Er leistet damit einen wichtigen Beitrag im Stoffkreislauf der Natur. Sind bei anfälligen Gehölzen Aststummel oder frische Wunden vorhanden, so kann der Erreger seine Wirtspflanze über diese Schwachstellen infizieren. Der Pilz dringt in lebende Gewebebereiche vor, verstopft die Leitungsbahnen und gibt Giftstoffe ab, die zu bräunlichen Holzverfärbungen

Abgestorbener Johannisbeertrieb mit Rotpustelbefall.

Rotpustelbefall an einem Hainbuchenast.

Blattfleckung am Storchschnabel durch Falschen Mehltau.

und zum Absterben von Trieben führen. Durch Trockenheit, Wurzelschäden, Pflanzstress oder Frost vorgeschädigte Gehölze sind ebenfalls gefährdet und werden bei entsprechendem Infektionsdruck vom Rotpustelpilz befallen.

Da nahezu das ganze Jahr Infektionen stattfinden können, sind direkte Pflanzenschutzmaßnahmen durch den Einsatz von Fungiziden nicht praktikabel. Daher muss größtes Augenmerk auf vorbeugende Maßnahmen wie richtige Schnittechnik und optimale Pflege der Gehölze gerichtet werden. Gefährdete Gehölze dürfen keinesfalls unter Trockenheit leiden; Neupflanzungen müssen zumindest in den ersten Standjahren besonders intensiv betreut werden. Beim Schneiden sind Aststummel zu vermeiden: Äste werden am Astring durch einen sauberen, glatten Schnitt entfernt. Eine Behandlung mit Wundverschlussmitteln (siehe Seite 187) ist bis zu einer Wundgröße von 2 bis 3 cm nicht notwendig. Wundverschlussmittel können die Besiedlung der Wundflächen mit Pilzsporen nur unzureichend verhindern und dienen eher dem Schutz des Kambiums vor dem Austrocknen. Ein Wundverschluss, der bei mehrere Tage alten Wunden aufgetragen wird, kann unter Umständen einen Befall fördern: Sporen, die sich auf der Wundfläche befinden, können unter der luftdichten Schutzschicht besonders gut auskeimen und infizieren.

Durch die Wahl des richtigen Schnittzeitpunkts kann einer Infektion ebenfalls vorgebeugt werden. Da im September der Infektionsdruck durch den Rotpustelpilz am geringsten ist, sollte dieser Zeitpunkt für Schnittmaßnahmen gewählt werden. Auch das Frühjahr ist für den Schnitt der meisten Gehölze günstig, da dann eine besonders rasche Überwallung der Wunden stattfindet. Der Winterschnitt der Gehölze ist vom Standpunkt des Pflanzenschutzes aus ungeeignet. Zu diesem Zeitpunkt besteht ein stärkerer Infektionsdruck durch den Rotpustelpilz *und* die Anfälligkeit der Gehölze ist durch deren geringeren Wassergehalt im Winter zusätzlich erhöht. Die Wunden, die in dieser Zeit am Baum entstehen, bleiben so lange ungeschützt, bis eine effektive Kallusbildung mit dem Wachstum im Frühjahr einsetzt.

Schnittholz wird regelmäßig vom Rotpustelpilz besiedelt. Deswegen sollte es nicht offen neben gefährdeten Gehölzen gelagert werden. In diesem Zusammenhang sind auch die Vor- und Nachteile bei der Verwendung von Strauchhäcksel zum Mulchen unter Gehölzen abzuwägen.

Falsche Mehltaupilze

Die **Falschen Mehltaupilze**, *Peronosporaceae*, befallen vor allem weiches, noch nicht ausreichend abgehärtetes Blattgewebe oder weiche Triebe. Falsche Mehltaupilze treten besonders bei luftfeuchten Bedingungen im Gewächshaus oder Wintergarten auf. In feucht-kühlen Witterungsperioden finden Falsche Mehltaupilze auch im Freiland gute Entwicklungsbedingungen. Der Erreger verbreitet sich mittels ungeschlechtlicher Konidiosporen, die durch Wind oder Regenspritzer verbreitet werden. Gelangen diese auf eine geeignete Wirtspflanze, keimen sie aus und dringen in das Gewebe ein. Falsche Mehltaupilze wachsen im Inneren des Blattes zwischen den Zellen. Die bei feuchter Witterung gebildeten Konidienträger ragen aus den Spaltöffnungen heraus. Sie sind auf der Blattunterseite als feiner, meist hellgrau bis hellbraun gefärbter Flaum zu finden. Auf der Blattoberseite sind in diesen Bereichen Vergilbungen oder andere Blattverfärbungen zu sehen. Als obligate Parasiten sind Falsche Mehltaupilze auf lebendes Pflanzengewebe angewiesen. Sie bilden sehr widerstandsfähige Dauersporen (Oosporen) aus, die meist im Boden überdauern.

Die Konidiosporen der Falschen Mehltaupilze sind zum Auskeimen auf einen Wasserfilm auf der Pflanzenoberfläche angewiesen. Wird durch geeignete Kulturmaßnahmen eine Benetzung des Laubs vermieden, kann das Eindringen des Erregers in die Pflanze verhindert werden. Starke Temperaturdifferenzen zwischen Tag und Nacht im Gewächshaus und im Wintergarten führen dazu, dass die Luft ihren Taupunkt unterschreitet und sich das Wasser an der Oberfläche der Pflanzen niederschlägt. Durch gezieltes Lüften und Trockenheizen können solche günstigen Infektionsbedingungen vermieden werden. Im Freiland sollte für lockere, gut durchlüftete Bestände und Kronen gesorgt werden, die ein schnelleres Abtrocknen der Pflanzenoberfläche ermöglichen. Beim Gießen sollte das Laub der Pflanzen nicht benetzt werden. Lässt sich dies nicht vermeiden, kann durch morgendliches Gießen ein möglichst schnelles Abtrocknen der Pflanzenoberfläche gewährleistet werden. Direkte Bekämpfungsmaßnahmen durch den Einsatz von Fungiziden (siehe Seite 165ff.) sind vorbeugend möglich. Wichtig ist der frühzeitige Einsatz, da bereits eingedrungene Pilzhyphen im Blattinneren von den meisten Präparaten nicht mehr erfasst werden. Vor allem beim Gemüse sind sortenspezifische Unterschiede in der Anfälligkeit gegen Falschen Mehltau vorhanden, solche robusten Sorten sollten bevorzugt angebaut werden.

Konidienträgerrasen des Falschen Mehltaupilzes auf der Blattunterseite von Storchschnabel.

Echte Mehltaupilze

Es gibt kaum eine Blattpflanze, die nicht von einem Vertreter dieser Pilzgruppe befallen werden kann. Die **Echten Mehltaupilze**, *Erysiphaceae*, sind jedoch wirtsspezifische Pilze, die meist auf eine Wirtspflanzengattung oder -art spezialisiert sind. Es ist daher nicht zu befürchten, dass Eichen neben einem stark befallenen Ahorn ebenfalls vom Mehltau befallen werden. Echte Mehltaupilze sind als „Schönwetterpilze“ bekannt, da die größten Schäden in warmen, trockenen Witterungsperioden auf-

Beginnender Mehltaubefall an einem Ahorn.

treten. Die Sporen können bei einer relativen Luftfeuchte ab 70% auch auf trockener Pflanzenoberfläche auskeimen. Sie sind also nicht wie die meisten pflanzenpathogenen Pilze auf feuchte Blattoberflächen angewiesen. War eine Infektion erfolgreich, bilden Echte Mehltaupilze auf der Pflanzenoberfläche ein dichtes weißes Hyphengeflecht aus. Der Erreger dringt lediglich mit speziellen Organen in die Zellen ein. Über diese Haustorien ernährt sich der Pilz. Die Beläge sind deutlicher sichtbar als bei den Falschen Mehltaupilzen und befinden sich meist auf der Blattoberseite, an Trieben, Blütenknospen oder auch auf Früchten. Bei starkem Befall können Echte Mehltaupilze starke Zuwachsminderungen oder Deformationen des befallenen Gewebes verursachen. Echte Mehltaupilze überwintern meist als Mycel an den Trieben oder in den Knospen, manchmal überwintern auch Fruchtkörper (Kleistothezien) auf den Blättern. Als obligate Parasiten können die Echten Mehltaupilze auf abgestorbenem Material nicht überleben. Echte Mehltaupilze entwickeln sich sehr schnell, Infektionen sind praktisch täglich möglich. Durch diese rasche Generationenfolge ist die Gefahr sehr groß, dass sich Pilzstämme entwickeln, die gegenüber den eingesetzten Fungiziden nicht mehr empfindlich sind.

Starker Mehltaubefall an einer Mahonie.

Mehltaubefall an einem Rittersporntrieb.

Bei manchen Mehltauwirtspflanzen sind große sortenspezifische Unterschiede in der Anfälligkeit bekannt. Dies sollte beim Kauf neuer Pflanzen berücksichtigt werden. Eine robuste Sorte kann allerdings an einem sehr ungünstigen Standort ebenfalls befallen werden. Außerdem entwickeln sich laufend neue Pilzstämme, gegen die die jeweilige Sorte keine erhöhte Widerstandsfähigkeit besitzt, das heißt solche „Resistenzen" brechen oft nach einigen Jahren zusammen. Da Echte Mehltaupilze meist in den jungen Triebknospen ihrer Wirtspflanzen überwintern, kann durch gezieltes Ausschneiden der Triebspitzen der Befall etwas reduziert werden. Eine ausgewogene, nicht zu stickstoffbetonte Düngung erhöht die Widerstandsfähigkeit der Pflanzen. Zur direkten Bekämpfung der Echten Mehltaupilze sind zahlreiche Präparate im Handel erhältlich (siehe Seite 165ff.). Allerdings muss eine Bekämpfung sehr frühzeitig begonnen und konsequent im Abstand von zehn Tagen bis drei Wochen durchgeführt werden. Wichtig ist der regelmäßige Wechsel der Wirkstoffgruppe, um der Selektion fungizidresistenter Pilzstämme zu begegnen.

Gelbe Flecken an einem Pappelblatt durch Rostpilz.

Blattverfärbungen und Pusteln an einer Mahonie durch Rostpilz.

Rostpilze

Die **Rostpilze**, *Uredinales*, sind eine recht hoch entwickelte Gruppe der pflanzenpathogenen Pilze. Charakteristisch für Rostpilze an Laub tragenden Pflanzen sind die blattunterseits ausgebildeten, meist sehr auffällig gelb bis orange gefärbten Pusteln. Auf der Blattoberseite sind nur mehr oder weniger auffällige Blattverfärbungen zu finden. An Nadelgehölzen können Rostpilze Schäden an den Nadeln verursachen und dort auffallende Sporenlager ausbilden. Auch die Äste von Nadelgehölzen können von Rostpilzarten befallen werden. An den Infektionsstellen sind dann Deformationen zu finden, die betroffenen Äste kümmern und können absterben. Rostpilze durchlaufen eine komplizierte Entwicklung, in deren Verlauf unterschiedliche Sporenarten gebildet werden. Diese haben jeweils ganz bestimmte Aufgaben von der Massenverbreitung bis zur Überwinterung zu erfüllen. Schließlich ist zu beachten, dass viele Rostpilze auf einen Wirtswechsel angewiesen sind, das heißt sie benötigen zu ihrer vollständigen Ent-

Rostpusteln an Schnittlauchhalmen.

Blattfleckenpilz an einer Christrose.

Blattfleckenpilz an Efeu.

wicklung zwei verschiedene Pflanzenarten. Der bekannteste wirtswechselnde Rostpilz im Garten ist sicher der Birnengitterrost (siehe Seite 71f., 121f.) .

Bei wirtswechselnden Rostpilzen bietet sich eine einfache Möglichkeit, die Infektionsgefahr zumindest etwas zu reduzieren. Wird einer der beiden Wirte aus dem näheren Umkreis entfernt, ist die Übertragung der Sporen nicht mehr möglich und die Entwicklung des Erregers ist damit unterbrochen. Pilzsporen können durch den Wind allerdings über mehrere hundert Meter verfrachtet werden, der zweite Wirt kann also auch außerhalb des eigenen Grundstücks stehen. Die Bekämpfung der Rostpilze ist mit verschiedenen Wirkstoffen (siehe Seite 165ff.) möglich. Besonders die wirtswechselnden Arten haben jedoch eng begrenzte Infektionszeiträume, in denen die Bekämpfungsmaßnahmen durchgeführt werden müssen. Wirtsstete Arten erfordern meist sehr kurze Bekämpfungsintervalle zwischen sieben und zehn Tagen.

Blattfleckenpilze

Eine Vielzahl von Pilzarten kann die Blätter von Laubgehölzen, Stauden, Gemüse-, Kübel- und Zimmerpflanzen befallen und dort Blattflecken verursachen. Der befallene Gewebebereich stirbt ab, in einigen Fällen fällt das abgestorbene Gewebe auch aus, sodass Löcher im Blatt entstehen. **Blattfleckenpilze** befallen besonders häufig nicht optimal versorgte Pflanzen. Je nach Witterungsverlauf treten diese Erreger im einen Jahr stärker, im Folgejahr wieder schwächer auf. Sie führen teilweise zu einem starken Blattfall, was insbesondere bei Gehölzen zu größeren Schäden führen kann. Die Gehölze werden durch den vorzeitigen Blattfall zu einem späten Trieb angeregt und das Holz kann nur schlecht ausreifen. In der Folge kommt es sehr häufig zu Frostschäden am Holz.

[!] Zur Bekämpfung bestimmter Blattfleckenerreger stehen v. a. in Gemüsekulturen einige Präparate zur Verfügung (siehe Seite 165ff.). Wichtig ist die Kenntnis des Entwicklungskreislaufs der Erreger. Da diese oft einen sehr langen Entwicklungsgang durchlaufen, ist der Einsatz von Fungiziden nur während eines kurzen Zeitraumes sinnvoll. Bei vielen Arten finden die Primärinfektionen schon während der Entwicklung der ersten Blätter im Frühjahr statt, in diesem Zeitraum müssten die Wirkstoffapplikationen erfolgen. Viele Blattfleckenerreger der Laubgehölze überdauern auf dem abgefallenen Laub. Bei solchen Arten kann durch Entfernen und Vernichten des Fallaubs der Infektionsdruck im nächsten Jahr deutlich reduziert werden.

Grauschimmel an einer Fuchsie.

Grauschimmel

Unter luftfeuchten Bedingungen kann auf allen absterbenden pflanzlichen Geweben ein dicker, grauer Flaum aus Hyphen und Konidienträgern des **Grauschimmelpilzes**, *Botrytis cinerea*, gefunden werden. Der Erreger kann aber auch noch lebendes, meist junges und weiches Gewebe besiedeln und zum Absterben bringen. Häufig werden die spätfrostgeschädigten Austriebe von Laub- und Nadelgehölzen vom Grauschimmelpilz befallen. In feuchten Witterungsperioden werden vor allem Blütenknospen gefülltblühender Zierpflanzen und -gehölze befallen, die sich dann nicht mehr öffnen und verfaulen. Bei hoher Luftfeuchte in Kleingewächshäusern und Wintergärten tritt der Erreger manchmal explosionsartig auf.

[!] Einseitige, vor allem stickstoffbetonte Düngung, Verletzungen an den Pflanzen und zu dichte, schlecht durchlüftete Bestände oder Kronen fördern einen Befall durch den Grauschimmelpilz. Nach dem Gießen müssen die Pflanzen bis zum Einbruch der Dunkelheit wieder abtrocknen können. Im Kleingewächshaus und Wintergarten führen große Temperaturdifferenzen zwischen Tag und Nacht zu einem Wasserfilm auf den Pflanzen, wodurch Infektionen begünstigt werden. Die gewissenhafte Hygiene im Gewächshaus und Wintergarten durch regelmäßiges Entfernen abgestorbener Triebteile, Blätter und Blüten kann den Infektionsdruck deutlich verringern. Direkte Bekämpfungsmaßnahmen gegen den Grauschimmelpilz sind zwar mit einigen Präparaten (siehe Seite 165ff.) möglich. Werden die oben genannten Hygiene- und Kulturmaßnahmen aber konsequent durchgeführt, sind Spritzungen meist nicht notwendig.

Holzzerstörende Pilze

An Ästen und Stämmen von Nadel- und Laubgehölzen sind manchmal auffällige, häufig konsolenförmige Fruchtkörper **Holz zerstörender Pilzarten** zu finden. Die befallenen Gehölze leiden zunächst kaum unter dem Befall, da der Kambiumbereich nicht beeinträchtigt wird. Die Pilze bauen den Holzkörper des Baumes ab und können zu einer drasti-

Konsolenförmiger Fruchtkörper des Feuerschwamms an einem Weidenstamm.

schen Reduzierung der Standsicherheit führen, die Gefährdung durch Astbruch nimmt zu. Bäume in Parkanlagen und an Straßen müssen daher regelmäßig auf ihre Sicherheit kontrolliert werden, um Schäden für Menschen und Gegenstände durch herabstürzende Äste oder umstürzende Bäume zu verhindern. Allerdings darf nicht erst das Erscheinen der auffälligen Fruchtkörper Anlass für die Durchführung der Kontrollen sein. Die Holz zerstörenden Pilze können ihr Werk schon viele Jahre relativ unbemerkt durchgeführt haben, bevor die Fruchtkörper gebildet werden. So müssen zum Beispiel Beulen am Stamm, Rindenablösungen oder offene Wunden Anlass für eingehende Untersuchungen sein.

Holz zerstörende Pilze dringen meist über Wunden in die Gehölze ein. Diese Verletzungen können zum Beispiel kleine Druckstellen am Stamm durch unsachgemäßen Transport zum Pflanzort, Anfahrwunden vom Rasenmäher oder Sägewunden nach dem Entfernen großer Äste sein. Da Bekämpfungsmaßnahmen nicht möglich sind, muss die Entstehung solcher Wunden vermieden werden.

Fadenwürmer

In Böden leben viele **Älchen** oder **Fadenwürmer**, *Nematoda*, die zum Abbau organischer Stoffe beitragen. Andere Arten parasitieren im Boden lebende Tiere und töten diese ab. Im biologischen Pflanzenschutz werden solche Nematodenarten zum Beispiel gezielt zur Bekämpfung der Larven des Gefurchten Dickmaulrüsslers (siehe Seite 49ff.) oder der Trauermückenlarven (siehe Seite 159f.) eingesetzt. Aber zahlreiche Arten schädigen lebende Pflanzen und führen besonders in ackerbaulichen Kulturen zu großen Ertragseinbußen. Nematoden legen meist Eier, aus denen die nur durch ihre geringere Größe unterscheidbaren Larven schlüpfen.

Pflanzen schädigende **Nematodenarten** sind etwa 1 mm lang und besitzen einen Mundstachel, mit dessen Hilfe sie Pflanzenzellen anstechen und aussaugen. Die meisten Nematodenarten besiedeln die Wurzeln ihrer Wirtspflanzen. Durch die dabei verursachten Verletzungen können sich Erreger pilzlicher Wurzelfäulen besonders gut ansiedeln. Manche Arten stechen an den Wurzeln sitzend die Zellen an, andere dringen in das Wurzelgewebe ein und besaugen dort die Pflanzenzellen. Die Wurzeln können nahezu symptomlos bleiben oder mit Verkorkungen oder Gewebewucherungen, so genannten Gallen, auf die Besiedlung reagieren. Besiedelte Pflanzen sind in ihrem Wuchs gehemmt. Blattälchenbesatz äußert sich an den Pflanzen durch Verfärbungen des Blattgewebes, die meist von den Blattadern begrenzt werden. An einigen gärtnerischen Kulturpflanzen kommen auch Nematoden in Stängeln oder Blättern vor, die dort Deformationen, Ver-

Blattflecken an Gemswurz durch Nematoden.

Blattdeformationen an einer Flammenblume durch Nematoden.

färbungen oder Nekrosen hervorrufen. Über die direkten Schäden hinaus werden auch Krankheiten, insbesondere Virosen, übertragen. Nematoden breiten sich aktiv nur sehr langsam aus, größere Bedeutung hat die Verschleppung der Nematoden durch die Bodenbearbeitung. Häufig wird die Besiedlung von Gartenpflanzen durch Wurzelnematoden übersehen, wenn sich die Schäden auf weniger auffällige Wachstumsminderungen beschränken. In einigen Kulturen können Wurzelnematoden aber große Schäden anrichten, dazu gehören Erdbeeren, Tomaten und Gurken. Im Staudengarten verursachen Stock- und Stängelälchen große Probleme. Die charakteristischen Blattdeformationen sind an Staudenphlox, *Phlox paniculata,* sehr häufig zu finden (siehe Seite 148).

[!] Nematoden werden im Erwerbsanbau durch Bodenentseuchung bekämpft. Die dafür zur Verfügung stehenden Präparate sind aber für einen Einsatz im Kleingarten nicht geeignet. Auch die Bekämpfung der Nematoden durch Dämpfen des Bodens wird kaum durchführbar sein. Einzige praktikable Möglichkeit bei Nematodenbesatz im Boden ist daher der Flächenwechsel, das heißt auf den verseuchten Flächen werden nur noch Kulturen angebaut, die durch Nematoden nicht geschädigt werden können. Einige freilebende Nematodenarten lassen sich durch den Anbau von Studentenblumen, *Tagetes erecta* oder *Tagetes patula*, zumindest zurückdrängen, sodass auf diesen Flächen später wieder nematodenanfällige Kulturpflanzen angepflanzt werden können.

Schnecken

Schnecken, *Gastropoda*, legen ihre Eier in Höhlungen im Boden ab. Die Tiere sind bei feuchtem Wetter und nachts aktiv, tagsüber halten sie sich unter Steinen oder in der Bodenstreu auf. Die größten Schäden werden im Garten von **Nacktschneckenarten** verursacht. Sehr häufig sind **Garten-Wegschnecken**, *Arion hortensis*, und **Genetzte Ackerschnecken**, *Deroceras reticulatum*, für die Fraßschäden im Garten verantwortlich.

Rote Wegschnecken an Buschbohnen.

Schneckenfraß an einer Erdbeere.

Schnecken fressen besonders gerne die zarten Gemüsesetzlinge oder neu austreibende Stauden, aber auch an Erdbeerfrüchten können sie große Schäden anrichten. Schneckenschäden sind eigentlich recht eindeutig zu bestimmen, auch wenn der Verursacher selbst nicht gefunden werden kann: Dickere Gewebe – wie Keimblätter oder Früchte – weisen einen charakteristischen Schabefraß auf, es entstehen flache, ausgedehnte Fraßgruben. Junges und weiches Gewebe wird ganz abgefressen, an größeren Blättern hinterlassen sie Löcher. Untrügliches Kennzeichen für einen Schneckenbesatz sind die Schleimspuren, die die Tiere bei der Fortbewegung hinterlassen.

Schnecken verstecken sich bei trockener Witterung tagsüber in Bodenhohlräumen. Durch feinkrümelige Bodenbearbeitung finden sie weniger Versteckmöglichkeiten, sie sind dadurch ihren natürlichen Feinden besser ausgeliefert. Dazu gehören Igel, Kröten und Blindschleichen, aber auch Laufkäfer und deren Larven vertilgen viele Schnecken. Seit Mitte der 90er-Jahre sind Nematoden der Art *Phasmarhabditis hermaphrodita* im Handel, die eine biologische Bekämpfung der Schnecken ermöglichen. Die Nematoden dringen in die Schnecken ein und geben ein für die Tiere tödliches Bakterium ab. Die Schnecken stellen ihre Fraßtätigkeit nach wenigen Tagen ein und sterben. Von den Nematoden werden nicht alle Schneckenarten zuverlässig erfasst, gute Wirkung ist gegen die Genetzte Ackerschnecke zu erwarten. Mindestens 300 000 Nematoden je Quadratmeter sollten schon einige Tage vor der Saat oder Pflanzung der gefährdeten Kulturen auf den feuchten Boden ausgebracht werden, der Boden darf die nächsten Wochen nicht austrocknen. Unter 10 °C Bodentemperatur wirkt diese biologische Methode nicht ausreichend, da die Nematoden dann weniger aktiv sind.

Durch das Streuen scharfer Materialien wie zum Beispiel Kalk um die gefährdeten Beete oder Einzelpflanzen können Schnecken von ihren Fraßpflanzen ferngehalten werden. Allerdings sind solche gestreuten Barrieren nach einem Regenguss nicht mehr funktionsfähig und müssen erneuert werden. Hindernisse aus Metall oder Kunststoff, deren Kante an der Außenseite nach unten gebogen wurde, erfüllen die gleiche Aufgabe. Die Schnecken können solche Barrieren nicht überwinden. Es sind auch batteriebetrie-

Verschiedene Schneckenzaunmodelle.

bene, ähnlich wie Weidezäune funktionierende Modelle auf dem Markt. Sollen solche Schneckenzäune eingesetzt werden, müssen Brücken durch überhängende Gräser oder größere Laubblätter regelmäßig entfernt werden, die die Schnecken zum Einwandern nutzen können. Die zum Zeitpunkt der Aufstellung des Zauns innerhalb der umzäunten Fläche befindliche Schneckenpopulation muss zusätzlich bekämpft werden. Dies kann durch den Einsatz von Molluskiziden (siehe Seite 182) geschehen. Auf kleineren Flächen genügt meist das Absammeln der Tiere in den Morgenstunden; das Auslegen alter Brettchen, unter denen sich die Schnecken tagsüber verstecken, erleichtert diese Arbeit. Auf solchen abgegrenzten Flächen verspricht auch der Einsatz von Bierfallen einigen Erfolg. Dazu werden Becher oder Gläser etwa zur Hälfte mit Bier gefüllt und eingegraben. Die Schnecken werden vom Bierduft angelockt und ertrinken in der

Schabefraß an Keimblättern von Zucchini durch Schnecken.

Falle. Der Einsatz der Schneckenzäune ist zum Schutz kleinerer Flächen, zum Beispiel der Aussaatflächen oder des Salatbeetes, geeignet.

Die Molluskizid-Granulate mit den Wirkstoffen Metaldehyd und Methiocarb (siehe Seite 182) werden am besten in speziellen, mit einem Dach als Schutz vor

Blattdeformationen an Efeu verursacht durch Weichhautmilben.

Blattdeformationen an einer Zimmeraralie durch Weichhautmilben.

Regen versehenen Köderstationen ausgelegt. Durch den Schutz vor Regen ist eine längere Wirksamkeit der Granulate gewährleistet, Vögel und Säugetiere können kaum an das Präparat gelangen. Das Präparat Ferramol (Wirkstoff Eisen-III-phosphat) muss dagegen breitwürfig ausgestreut werden, um eine gute Wirkung entfalten zu können. Bei trockener Witterung sollte sogar etwas gewässert werden, da gequollene Granulatkörner eine bessere Lockwirkung zeigen.

Milben

Viele **Milben**, *Acari*, ernähren sich von toten organischen Substanzen und haben keine Bedeutung für den Pflanzenschutz. Einige Arten saugen andere Milben oder Insekten aus und können im Garten gefördert oder im Kleingewächshaus oder Wintergarten als Nützlinge gezielt eingesetzt werden. Neben den Spinn- und Gallmilben können gelegentlich auch **Weichhautmilben**, *Tarsonemidae*, Schäden an Gartenpflanzen verursachen. Weichhautmilben verursachen meist Triebstauchungen, Blattverkrümmungen oder Korkflecken, sie treten besonders bei hoher Luftfeuchte auf.

Spinnmilben

Spinnmilben, *Tetranychidae*, kommen an Pflanzen in Haus und Garten regelmäßig vor und verursachen große Schäden. Die nur etwa 0,5 mm großen, achtbeinigen Tiere besaugen einzelne Pflanzenzellen, die in der Folge absterben. Dadurch entsteht das charakteristische Schadbild mit fein gesprenkeltem Gewebe, bei starkem Besatz vertrocknen die Blätter. Nicht alle Arten produzieren die namensgebenden feinen Gespinste an Triebspitzen und auf den Blattunterseiten. Spinnmilben legen Eier, aus denen die sechsbeinigen Larven schlüpfen. Schon diese saugen Pflanzenzellen aus. Zwei bis drei Wochen später haben sich die Larven nach mehreren Häutungen zu den erwachsenen, nunmehr achtbeinigen Spinnmilben entwickelt. Bei einigen Arten überwintern die erwachsenen Tiere, meist dienen aber die robusten Wintereier der Überdauerung. Die Tiere sind meist hell gefärbt, je nach Art und Nahrungspflanze können nahezu durchscheinende über grünlich gefärbte bis dunkelbraune Individuen auftreten. Der oft verwendete Name „Rote Spinne" rührt von der orangeroten Färbung der überwinternden Weibchen der Gewächshausspinnmilbe, *Tetranychus urticae*, her. Spinnmilben bevorzugen trocken-warme Klimate. Die trockene

Blattvergilbungen an einer Linde durch starken Spinnmilbenbesatz.

Heizungsluft im Winter begünstigt ihre Entwicklung an den Zimmerpflanzen. Auch im Freiland treten diese Schädlinge oft auf, besonders gefährdet sind Gehölze und Stauden in trockenen Südlagen oder Trogbepflanzungen. Besiedelt werden praktisch alle Laub- und Nadel-

Feine Gespinste an einem Australischen Flaschenbaum durch Spinnmilben.

Spinnmilben auf der Unterseite eines Rosenblattes.

Knöpfchengallen an Ahornblatt.

Durch Gallmilben verursachter Haarfilz auf der Unterseite eines Buchenblattes.

Starke Blattfaltungen durch Gallmilben an Hainbuchenblättern.

gehölze, Stauden und Topfpflanzen, unter den Gemüsearten sind Bohnen besonders gefährdet. Es kommen Arten vor, die auf bestimmte Wirtspflanzen spezialisiert sind, die Gewächshausspinnmilbe, *Tetranychus urticae*, kann sich auf einer Vielzahl verschiedener Laubpflanzen entwickeln.

! Spinnmilbenbesatz im Zimmer ist immer ein Hinweis auf zu geringe Luftfeuchtigkeit. Werden Schäden durch Spinnmilben festgestellt, sollte zuerst geprüft werden, ob die Luftfeuchtigkeit durch technische Maßnahmen (Luftbefeuchter) erhöht werden kann oder ob ein Standortwechsel der betroffenen Pflanze möglich ist. Das regelmäßige Besprühen der Pflanzen mit weichem Wasser verbessert das Kleinklima für die Pflanze und verschlechtert die Lebensbedingungen für Spinnmilben. Zur direkten Bekämpfung sind Nützlinge im Handel erhältlich, die im Zimmer oder Wintergarten eingesetzt werden können (siehe Seite 161). Es stehen auch Pflanzenschutzmittel (siehe Seite 166ff.) zur Verfügung, die wiederholt im Abstand von etwa einer Woche gegen die Spinnmilben eingesetzt werden müssen. Bei Spritzungen ist auf eine gute Benetzung der Blattunterseiten zu achten.

Gallmilben

Blätter von Laubgehölzen sind oft mit auffällig gefärbten Auswüchsen in Form kleiner Kugeln oder Zipfel übersät. Solche Erscheinungen können von **Gallmilben**, *Eriophyoidea*, verursacht werden. Durch das Besaugen der Zellen wird das Pflanzengewebe zu unnormalen Gewebebildungen angeregt. Die Verursacher leben in diesen Gallen, die einen effektiven Schutz für die Bewohner bilden.

Neben kleinen Gallen auf der Blattoberseite können auch auffällig gefärbte

Haarfilzteppiche auf der Blattunterseite oder Verkrüppelungen des Blattrandes durch Gallmilben verursacht werden. Es kommen auch Arten vor, die Knospen besiedeln, diese treiben dann nicht mehr aus oder bringen nur einen stark deformierten Trieb hervor. Auch Fruchtbefall durch Gallmilben kann in manchen Kulturen bedeutende Schäden verursachen. Neben den Arten, die auffällige Veränderungen an ihren Wirtspflanzen verursachen, kommen auch freilebende Gallmilben vor. Sie halten sich meist auf den Blattunterseiten auf und besaugen dort einzelne Zellen, die in der Folge absterben.

Gallmilben sind etwa 0,1 bis 0,2 mm lang, haben einen keilförmigen Körper und besitzen nur zwei Beinpaare. Sie legen während der Vegetationsperiode Eier, die erwachsenen Milben überwintern meist unter den Knospenschuppen oder in Rindenritzen.

Gallen oder Filzrasen an Blättern verringern zwar den Zierwert, nachhaltige Schäden für die Pflanze sind aber nicht zu erwarten. Bei einigen Wirtspflanzen scheint ein Gallmilbenbesatz Infektionen durch Blattfleckenpilze zu begünstigen. Eine Bekämpfung ist aber in den meisten Fällen nicht notwendig. Diese wäre nur vor der Bildung der Galle möglich, da die Tiere später von Pflanzenschutzmitteln nicht mehr erfasst werden können. Knospengallmilben müssen bekämpft werden, da die Wirtspflanzen nach jahrelangem Besatz zunehmend verkrüppeln. Zunächst müssen die besiedelten Knospen entfernt werden. Sollen Pflanzenschutzmittel (siehe Seite 166ff.) eingesetzt werden, ist der richtige Zeitpunkt der Spritzung entscheidend für einen Bekämpfungserfolg. Die Knospengallmilben können nur während eines sehr kurzen Zeitraums, in dem sie frei auf der Pflanze beweglich sind, durch Pflanzenschutzmittel erfasst werden. Diese Phase beginnt etwa mit dem Austrieb der Wirtspflanze und dauert einige Wochen an.

Insekten

Außer zahlreichen pflanzenschädlichen **Insekten**, *Insecta*, kommen viele nützliche und indifferente Arten im Garten vor. Beim Einsatz von Insektiziden muss berücksichtigt werden, dass viele Präparate ein sehr breites Wirkungsspektrum besitzen. Neben den eigentlichen Zielorganismen wird eine Vielzahl anderer, nicht schädlicher Insekten abgetötet.

Saugende Insekten

Blattläuse

Blattläuse, *Aphidoidea*, saugen meist in den Leitungsbahnen ihrer Wirtspflanzen und entziehen große Mengen Pflanzensaft. Die Folgen reichen von geringen Wachstumsminderungen über deutliche Triebstauchungen bis zum Absterben der besiedelten Pflanzenteile. Manche Arten verursachen an den besaugten Pflanzenorganen auffällige

Eine geflügelte Blattlaus an einer Schönmalve.

Blattlaus und Larven an einem Iris-Austrieb.

Deformationen in Form von Blattkräuselungen oder Gallen. Einige kleinere Arten besaugen einzelne Zellen, die daraufhin absterben; es entstehen kleine braune Blattflecken. Blattläuse können sich in kürzester Zeit von wenigen Exemplaren zu einer große Teile der Pflanze bedeckenden Kolonie entwickeln. Da der Pflanzensaft im Verhältnis zum Eiweiß zu viel Zucker enthält, scheiden viele Läusearten eine stark zuckerhaltige Flüssigkeit, den Honigtau, aus. Dieser Honigtau lockt viele Insekten, vor allem Bienen und Ameisen, an. Die klebrigen Honigtaubeläge auf Blättern oder Gegenständen unter den Pflanzen werden rasch von **Rußtaupilzen** besiedelt, dadurch entstehen unschöne schwarze Beläge. Sie beeinträchtigen die Pflanzen zwar nicht direkt, da sie sich nur von den zuckerhaltigen Belägen auf der Pflanzenoberfläche ernähren und nicht in das Pflanzengewebe eindringen. Allerdings wird durch die schwarzen Beläge die eingestrahlte Lichtenergie stark reduziert, die Assimilationsrate der Pflanzen sinkt ab. Unter sehr dicken Rußtaubelägen sterben die Nadeln, Blätter oder Triebteile ab. Einige Blattlausarten übertragen Viruskrankheiten und müssen aus diesem Grund konsequent bekämpft werden.

Blattläuse können sich auf verschiedene Weise vermehren. Im Frühjahr und Sommer sind bei vielen Arten nur weibliche Tiere zu finden, die lebende Jungtiere ohne vorherige Befruchtung gebären. Dadurch ist eine sehr hohe Vermehrungsrate möglich, die eine explosionsartige Verbreitung der Schädlinge nach sich ziehen kann. Erst im Herbst erscheinen

Blattlauskolonie mit Ameisenbesuch an einem Birnentrieb.

Durch Blattläuse verursachte Blattrollungen an Liguster.

Schildläuse und Larven an einem Wacholdertrieb.

Schildläuse an einer Phoenix-Palme.

die männlichen Blattläuse. Nach der Befruchtung legen die weiblichen Tiere widerstandsfähige Wintereier ab, die die kalte Jahreszeit überdauern. Manche Arten überwintern als erwachsene Laus.

Ob die Bekämpfung von Blattläusen im Einzelfall erforderlich ist, sollte bei Freilandpflanzen sehr zurückhaltend beurteilt werden. Blattläuse vermehren sich zwar sehr schnell, sie haben aber auch eine Vielzahl natürlicher Feinde. Wird den Nützlingen genügend Zeit gegeben, sind sie häufig in der Lage, den Schädlingsbesatz unter die Schadschwelle zu reduzieren. Neben vielen Singvogelarten tragen Spinnen, Gallmückenlarven, Schlupfwespen, Florfliegenlarven und Marienkäfer sowie deren Larven zu einer effektiven Reduzierung einer Blattlauspopulation bei. Im Wintergarten und Kleingewächshaus können Nützlinge gezielt eingesetzt werden (siehe Seite 161). Ist in Einzelfällen der Einsatz von Insektiziden (siehe Seite 166ff.) nicht zu umgehen, sollten nur nützlingsschonende Präparate eingesetzt werden.

Schild-, Woll- und Schmierläuse

Eng mit den Blattläusen verwandt sind die **Schild-, Woll- und Schmierläuse**, *Coccina*. Diesen Arten ist die Ausbildung spezieller Schutzmechanismen in Form von robusten Schilden oder Wachswollfäden gemeinsam. Dadurch sind die Schädlinge weniger durch Fressfeinde gefährdet und auch die Bekämpfung mit Pflanzenschutzmitteln wird erschwert. Die auf den Pflanzen zu findenden Tiere sind fast immer Weibchen. Männliche Tiere sehen deutlich anders aus, sie besitzen im Gegensatz zu den Weibchen Flügel. Meist sind nur die ersten Larvenstadien beweglich, sie werden als „Crawler" bezeichnet. Später setzen sie sich – wie die erwachsenen Weibchen – an ihrem Saugort fest. Die „Crawler" sorgen auch für die Neubesiedlung anderer Pflanzen, indem sie durch Wind oder andere Tiere verbreitet werden. Die Läuse saugen in den Leitungsbahnen, einige Arten besaugen auch einzelne Zellen. Häufig ist auch eine starke Rußtaubildung zu beobachten.

Schmierlauslarven und Eisäcke an einer Hortensie.

Schmierläuse an einer Dipladenie.

Die Tiere können sich geschlechtlich oder ungeschlechtlich vermehren, meist werden Eier unter den Schilden oder Wachsschichten abgelegt.

Auch wenn die Schutzmechanismen die Gefährdung durch Gegenspieler reduzieren, gibt es einige auf diese Arten spezialisierte Nützlinge. Dazu gehören insbesondere Erzwespen bei den Schildläusen und bestimmte Marienkäferarten bei den Schmierläusen. Da diese Nützlinge oft nur ganz bestimmte Läusearten fressen bzw. parasitieren, muss der Schädling vor einem Nützlingseinsatz genau bestimmt werden (siehe Seite 161). Ist der Einsatz von Insektiziden (siehe Seite 166ff.) nicht zu umgehen, ist mehrmals in kürzeren Abständen zu spritzen. Dies ist notwendig, da mit den verfügbaren Präparaten die Alttiere und ihre Larven unter den starken Schilden nicht erfasst werden. Bei Zimmerpflanzen oder kleinen Gehölzen empfiehlt sich das mechanische Ablösen der Schilde mittels einer Bürste vor dem Ausbringen des Pflanzenschutzmittels. Damit können die unter dem schützenden Deckel befindlichen Larven oder Eier dem Pflanzenschutzmittel direkt ausgesetzt werden, was dessen Wirksamkeit deutlich erhöht.

Weiße Fliegen

Besonders unter Glas können **Mottenschildläuse** oder **Weiße Fliegen**, *Aleurodidae*, massive Schäden an den Pflanzen verursachen. Es kommen verschiedene Arten vor, in Gewächshäusern, Wintergärten oder an Zimmerpflanzen ist die Mottenschildlaus, *Trialeurodes vaporariorum*, besonders häufig zu finden. Im Freiland schädigt an Kohlarten die Kohlmottenschildlaus, *Aleurodes proletella*, und an Rhododendren die Art *Dialeurodes chittendeni*. Die Tiere saugen in den Leitungsbahnen, ein Besatz wird oft erst durch die schwarzen Rußtaupilze auf den Honigtauausscheidungen erkannt. Werden besiedelte Pflanzen berührt, fliegen die erwachsenen Tiere kurz auf, um sich sofort wieder auf der Pflanze, meist auf der Blattunterseite, niederzulassen. Die erwachsenen Tiere sind etwa 1 bis 2 mm lang, weiß bepudert und besitzen dachartig gestellte Flügel. Die Weibchen legen kleine, milchig weiße Eier auf den Blattunterseiten ihrer Wirtspflanzen ab. Die meist kreisförmige Anordnung der Eier kommt dadurch zustande, dass das Muttertier während der Eiablage mit ihrer Stechborste an der Saugstelle verankert bleibt; sie dreht sich um den Einstichpunkt. Das erste Larvenstadium ist noch frei beweglich, spätere Stadien sitzen an der Blattunterseite und sind unbeweglich. Sie gleichen einer winzigen Heringsdose mit Behaarung an der Oberkante. Das letzte Larvenstadium wird als Puparium bezeichnet. In diesem Stadium sind die Tiere durch Pflanzenschutzmittel praktisch nicht zu erfassen, da sie keine Nahrung mehr aufnehmen. Dies erklärt

Mottenschildlaus an einer Schönmalve.

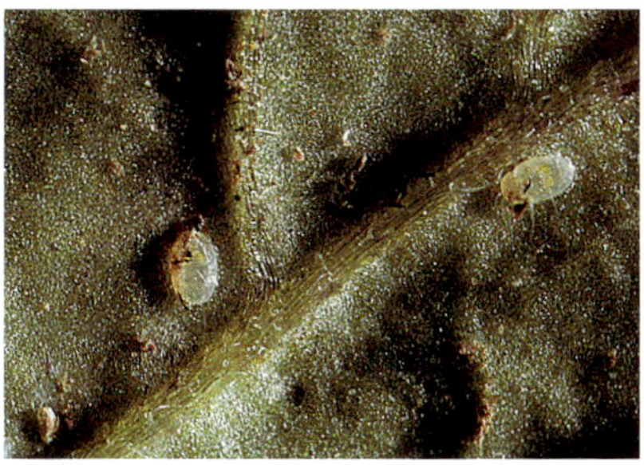

Puparien der Mottenschildlaus an Tomatenblatt.

auch die häufig auftretenden Schwierigkeiten bei der Bekämpfung. Eine Generation entwickelt sich je nach Temperatur in 18 bis 35 Tagen.

Die Bekämpfung der Mottenschildläuse mit Insektiziden (siehe Seite 166ff.) wird durch die Tatsache erschwert, dass die Puparien nicht erfasst werden können. Der Schädling kann also nur innerhalb eines recht kurzen Abschnitts seines Lebenszyklus bekämpft werden, sodass Spritzungen in kurzen Abständen mehrmals wiederholt werden müssen. Da sich die Tiere bevorzugt auf den Blattunterseiten aufhalten, müssen diese gut benetzt werden. Im Wintergarten und im Kleingewächshaus können Erzwespen, *Encarsia formosa*, zur Bekämpfung der Mottenschildläuse eingesetzt werden (siehe Seite 161).

Zikaden

Zikaden, *Auchenorrhyncha*, sind saugende Insekten, die an vielen Pflanzen vorkommen können. Sie saugen in den Leitungsbahnen oder direkt im Blatt- oder Nadelgewebe. Die meisten bei uns vorkommenden Zikaden sind recht klein und erreichen nur Größen von etwa 2 bis 4 mm. Zikaden können zwar gut fliegen, auffallender ist aber ihr gutes Springvermögen, das bei Störungen eingesetzt wird. Zikaden vermehren sich durch Eiablage an ihrer Wirtspflanze, meist überwintern die Eier. Aus diesen schlüpfen Larven, die den erwachsenen Tieren schon sehr ähnlich sehen und sich über mehrere Häutungen entwickeln. Zikaden sind an ihrer keilförmigen Gestalt und dem nahezu dreieckigen Kopf gut zu erkennen. Viele Zikaden sind als Überträger von Viruskrankheiten bekannt, aber auch Pilzkrankheiten können von ihnen übertragen werden (siehe Seite 138f.) . Recht auffällige Schäden werden durch **Zwergzikaden**, *Cicadelli-*

Saugschaden am Ahornblatt durch Zwergzikaden.

Eine Schaumzikadenlarve an einer Rose.

dae, an Laubgehölzen verursacht. Die Tiere saugen auf der Blattunterseite einzelne Zellen aus und verursachen so feine Sprenkelungen des Blattgewebes. Vor allem an Stauden und Gräsern, aber auch an Gehölzen saugen die **Schaumzikaden**, *Cercopidae*, deren Larven durch ihre mit Luft vermischten Ausscheidungen gut gegen Fressfeinde und Pflanzenschutzmaßnahmen geschützt sind.

Der direkte Schaden durch Zikaden ist nur selten so groß, dass sich eine Bekämpfung lohnt. Ist sie dennoch notwendig, müssen mit den Insektiziden (siehe Seite 166ff.) insbesondere die Blattunterseiten benetzt werden. Bei kühler Witterung sind die Tiere weniger aktiv und können vor einer Spritzung nicht so schnell fliehen.

Wanzen

Unter den **Wanzen,** *Heteroptera,* gibt es einige sehr effektive Nützlinge, die Raupen, Blattläuse oder Thripse erbeuten. Im Handel sind Raubwanzen, *Orius* sp., erhältlich, die in Wintergärten gezielt gegen Blattläuse eingesetzt werden können (siehe Seite 161).

Große Löcher in den Blättern können von **Weichwanzen**, *Miridae*, verursacht worden sein. Durch deren Saugtätigkeit und der damit verbundenen Verletzung des Blattes zu einem sehr frühen Entwicklungsstadium, kann das Blattgewebe nicht mehr weiterwachsen und reißt auf. Die Eier überdauern an geschützter Stelle problemlos den Winter. Die meisten Arten legen im Herbst Eier ab, die den Winter überdauern.

Aufgrund der versteckten Lebensweise ist eine Bekämpfung der Weichwanzen meist nicht möglich. Sind größere Schäden aufgetreten, kann mit Insektiziden (siehe Seite 166ff.) versucht werden, die Schädlinge zu bekämpfen. Die Spritzung sollte in den frühen Morgenstunden durchgeführt werden, da die Wanzen zu diesem Zeitpunkt noch recht träge sind und so besser erfasst werden können.

In manchen Regionen schädigen **Netzwanzen**, *Tingidae*, Rhododendren und Platanen. Sie sind etwa 2 bis 4 mm lang und an der netzartigen Musterung der Flügel zu erkennen. Sie saugen an den Blattunterseiten und verursachen Blattsprenkelungen. Störend sind bei den Netzwanzen auch die dunklen Kottröpfchen, die in großen Mengen produziert werden.

Durch Wanzen verursachter Blattschaden an einer Engelstrompete.

Feuerwanzen am Lindenstamm.

Die wenig aktiven Netzwanzen können an Rhododendren durch wiederholte Behandlung der Blattunterseiten mit Insektiziden (siehe Seite 166ff.) bekämpft werden, an Platanen scheitern solche Maßnahmen an der Größe der Bäume.

Im Garten recht auffallend sind die etwa 10 mm großen, schwarz und rot gezeichneten **Feuerwanzen**, *Pyrrhocorus apterus*, die an warmen Frühjahrstagen gelegentlich in großer Zahl an Stämmen zu finden sind. Diese Wanzenart schädigt aber keine Pflanzen, sondern besaugt Samen verschiedener Pflanzen, zum Beispiel der Linden.

Thripse

Besonders im Zimmer und im Wintergarten können **Fransenflügler** oder **Thripse**, *Thysanoptera*, große Schäden anrichten. Einige Arten saugen an den Blättern und verursachen dort charakteristische Sprenkelungen. Stark besiedelte Blätter sehen durch das Eindringen von Luft in die abgestorbenen Zellen silbrig aus. Blütenthripse sind in Blüten verschiedener Zierpflanzen, sehr

Thripsschaden an Kranzschlinge.

Pollenauswurf durch Blütenthrips am Usambaraveilchen.

Larve und erwachsener Thrips an einer Bergpalme.

häufig von Korbblütlern, zu finden; sie verursachen Verfärbungen und Deformationen der Blüten. Thripse sind stäbchenförmige, etwa 1 bis 2 mm lange Insekten, die hell oder dunkel gefärbt sein können. Sie vermehren sich durch Eiablage und entwickeln sich über mehrere Häutungen innerhalb von zwei bis vier Wochen zum Vollinsekt. Auffällig sind die kleinen dunklen Kottröpfchen auf den Blättern, die eine zusätzliche optische Beeinträchtigung darstellen.

Thripse können auch durch den Einsatz von Nützlingen bekämpft werden. Hier sind zum Beispiel Raubmilben, *Amblyseius cucumeris*, im Handel erhältlich, aber auch Florfliegenlarven, *Chrysoperla carnea*, nehmen Thripse als Nahrung an (siehe Seite 161). Die chemische Bekämpfung der Thripse ist mit einer Reihe von Insektiziden (siehe Seite 166ff.) möglich, die mehrmals im Abstand von etwa einer Woche auf die Blattunterseiten appliziert werden müssen. Beim Auftreten von Blütenthripsen ist der Einsatz von Pflanzenschutzmitteln oft nicht möglich, da die Blüten durch die Präparate geschädigt werden können.

Beißende Insekten

Blattwespen

Erwachsene **Blattwespen**, *Symphyta*, ernähren sich von Nektar und Pollen. Die Larven der meisten Blattwespenarten ernähren sich dagegen von Pflanzengewebe und können dadurch große Schäden anrichten. Laub- und Nadelgehölze werden häufig von den unterschiedlich gestalteten Larven besiedelt. Sie können kleinen Schmetterlingsraupen ähneln. Solche Arten fressen meist Löcher in die Blätter, Nadeln werden oft bis auf einen Stummel abgefressen. Die Larven anderer Arten sind mit einem schleimigen Sekret bedeckt und sehen daher eher wie kleine Schnecken aus. Sie schädigen die Blätter ihrer Wirtspflanzen durch einen charakteristischen Fensterfraß, das heißt die Blattepidermis bleibt stehen. Manche Blattwespenlarven dringen auch in das Pflanzengewebe ein (siehe Seite 140f.) oder verursachen Deformationen der Blätter (siehe Seite

Freifressende Blattwespenlarve an einer Rose.

Gesellig fressende Blattwespenlarven an einer Eiche.

143). Die meisten Arten entwickeln nur eine Generation im Jahr.

Bei geringem Besatz können Blattwespenlarven an kleineren Pflanzen durch Absammeln ausreichend dezimiert werden. An größeren Gehölzen können sie auch durch den Einsatz von Insektiziden (siehe Seite 166ff.) bekämpft werden. Zur Bekämpfung der freilebenden Arten werden die Präparate beim ersten Erscheinen der Larven ausgebracht. Bei Arten, die in die Pflanze eindringen, sind Spritzungen nur während der Eiablage Erfolg versprechend.

Mine durch Schlangenminiermotte an einem Apfelblatt.

Schmetterlinge

Schmetterlinge, *Lepidoptera*, ernähren sich vom Blütennektar. Ihre Raupen kommen an praktisch allen Gartenpflanzen vor, sie sind aber häufig auf bestimmte Futterpflanzen spezialisiert. Schmetterlingsraupen können an Blättern oder Nadeln fressen, manche Arten dringen auch in die Pflanze ein und verursachen auffällige Minen. Einige Arten entwickeln sich in Früchten und können so das Erntegut entwerten. Meist überwintern die im Herbst abgelegten Eier, die bei vielen Arten mit Schutzschichten überdeckt werden. Viele Minierer überwintern als Raupen oder Puppen im besiedelten Pflanzenorgan.

Kahlfraß durch Gespinstmotten an Schlehe.

Fraßschaden an einem Schildblatt durch Blattkäfer.

Da die Raupen meist in großer Anzahl vorkommen und in kürzester Zeit große Mengen Pflanzenmaterial fressen, ist eine Bekämpfung nicht zu umgehen. Kleine Pflanzen (Gemüse, Stauden, Sträucher) können durch Absammeln der Raupen vor weiterem Fraß geschützt werden. Die Entwicklung der Minierer kann oft durch rechtzeitiges Vernichten der besiedelten Pflanzenteile unterbrochen werden. Gegen freifressende Schmetterlingsraupen können Insektizide (siehe Seite 166ff.) eingesetzt werden. Minierende Arten sind mit den meisten Insektiziden nur bis zum Einbohren der Larven bekämpfbar.

Blattkäfer

Blattkäfer, *Chrysomelidae*, kommen an verschiedenen Laubgehölzen vor, auch Stauden (siehe Seite 153) und Gemüsearten (siehe Seite 92) gehören zum Wirtspflanzenkreis der Familie. Bei den Blattkäfern schädigen sowohl die Larven als auch die erwachsenen Käfer

Fraßschaden durch Seerosenblattkäferlarven.

durch ihren Fenster- oder Lochfraß an Blättern. Die Eier werden im Boden oder an der Fraßpflanze abgelegt. Artabhängig entwickeln sich eine oder mehrere Generationen im Jahr. Bei vielen Arten überwintern die erwachsenen Käfer, es kommt aber auch Eiüberwinterung vor.

! Da die meisten Arten recht groß sind, kann manchmal durch Absammeln ein ausreichender Bekämpfungserfolg erzielt werden. Ist der Einsatz von Pflanzenschutzmitteln (siehe Seite 166ff.) nicht zu umgehen, sollten sich die Bekämpfungsmaßnahmen bevorzugt gegen die Larven richten, da diese in der Regel empfindlicher auf die Insektizide reagieren.

Gefurchter Dickmaulrüssler

Der **Gefurchte Dickmaulrüssler**, *Otiorhynchus sulcatus*, ist ein weit verbreiteter Schädling an Gehölzen, Stauden und Topfpflanzen. Der nachtaktive Käfer wird meist nicht entdeckt, seine charakteristischen Fraßspuren sind dagegen sehr leicht zu finden. An Blättern sitzt er meist so auf dem Blattrand, dass drei Beine auf der Blattoberseite und drei Beine auf der Blattunterseite sind; er reitet auf dem Blattrand. In dieser Stellung frisst er vom Blattrand ausgehend das Gewebe, sodass halbkreisförmige Fraßbuchten entstehen. Neben Blättern werden auch Nadeln und Triebe der Wirtspflanzen befressen.

Larve des Gefurchten Dickmaulrüsslers.

Der **Gefurchte Dickmaulrüssler** bevorzugt zur Eiablage Pflanzungen in torfhaltigen, humosen Substraten, sodass Probleme meist in Moorbeetpflanzungen, Trog- oder Dachgärten auftreten. Die Larven ernähren sich von unterirdischen Pflanzenteilen. Es werden sowohl Feinwurzeln als auch holzige Wurzeln befressen, wobei bei letzteren nur der Wurzelzylinder übrigbleibt. Derart besiedelte Pflanzen welken und sterben ab. Der etwa 10 mm lange, dunkel gefärbte Käfer mit rüsselartig verlängertem Kopf ist flugunfähig, kann aber sehr schnell laufen. Im Juli legen die Jungkäfer nach ihrem Reifungsfraß bis zu 500 gelbbraune, kugelförmige Eier in kleinen

Geringelter Eibentrieb verursacht durch den Gefurchten Dickmaulrüssler.

Buchtenfraß durch den Gefurchten Dickmaulrüssler an einer Kriechspindel.

Häufchen in das Substrat ab. Nach zwei bis drei Wochen schlüpfen die weißen, beinlosen, bauchwärts gekrümmten Larven mit brauner Kopfkapsel. Die Larven fressen den ganzen Sommer und Herbst an Wurzeln und Wurzelhals, nur bei tiefen Wintertemperaturen wird die Fraßtätigkeit eingestellt. Im Frühjahr setzen die Larven ihr zerstörerisches Werk bis in den April hinein fort. Die inzwischen etwa 10 mm große Larve verpuppt sich dann im Boden, nach zwei bis drei Wochen Puppenruhe erscheinen die Jungkäfer der neuen Generation.

[!] Werden erste Schäden durch Dickmaulrüssler festgestellt, sollten Bretter in der Nähe befallener Pflanzen ausgelegt werden. Darunter verstecken sich die Käfer tagsüber, wo sie dann bequem abgesammelt werden können. Das Fangen der Käfer nachts mithilfe einer Taschenlampe ist meist nicht sehr erfolgreich, da sich die Käfer bei der geringsten Störung fallenlassen und in der Bodenstreu kaum mehr aufzufinden sind. Sind schon zahlreiche Larven im Boden, so können sie sehr erfolgreich mithilfe von Nutzorganismen bekämpft werden. Es handelt sich um Nematoden der Gattungen *Heterorhabditis* und *Steinernema*, die in die Dickmaulrüsslerlarven eindringen und ein tödlich wirkendes Bakterium übertragen. Entscheidend für einen Bekämpfungserfolg ist der optimale Einsatzzeitpunkt. Kriterien für den richtigen Zeitpunkt sind neben dem Vorhandensein von Larven eine ausreichend hohe Bodentemperatur (über 12 °C) und gleichmäßige Bodenfeuchte. Daraus ergeben sich prinzipiell zwei Bekämpfungszeiträume: im Mai gegen die Altlarven bzw. im August bis September gegen die Junglarven. Dabei ist die Bekämpfung im Spätsommer empfehlenswerter, da zu diesem Zeitpunkt sicher Larven im Boden sind und noch einige Wochen ausreichende Bodentemperaturen herrschen. Bei der Frühjahrsbehandlung ist die Gefahr groß, dass bei etwas zu frühem Einsatz die Bodentemperaturen noch zu gering sind, bei etwas zu später Ausbringung sind, die Larven schon verpuppt. In beiden Fällen ist die Wirksamkeit deutlich reduziert. Die Nematoden können mithilfe einer Gießkanne oder Rückenspritze (Feinsiebe entfernen, Druck nicht über

3 bar) in einer Aufwandmenge von 500 000 Stück/m^2 ausgebracht werden. Insektizidspritzungen gegen die Käfer sind nicht Erfolg versprechend.

Die braunen, recht großen **Maikäfer**, *Melolontha* sp., **Junikäfer**, *Amphimallon solstitialis*, und **Gartenlaubkäfer**, *Phyllopertha horticola*, fressen vor allem an den Blättern von Gehölzen und können diese bei starkem Auftreten vollständig entlauben. Der größere Schaden wird aber von den im Boden lebenden Larven verursacht, die als Engerlinge bezeichnet werden. Die bis 45 mm großen, schmutzig-weißen, bauchseits gekrümmten Larven mit brauner Kopfkapsel und sechs Beinen fressen an den Pflanzenwurzeln. Die Engerlinge der *Melolontha*-Arten benötigen meist vier Jahre, bis sie sich verpuppen. Der Jungkäfer schlüpft noch im Herbst, verlässt den Boden aber erst im Folgejahr. Der Junikäfer entwickelt sich in zwei bis drei Jahren, der Gartenlaubkäfer schließt seine Entwicklung manchmal schon nach einem Jahr ab. Die Weibchen bevorzugen zur Eiablage lückige Pflanzenbestände. Brachflächen und dicht bewachsene Flächen werden kaum mit Eiern belegt.

Sind Engerlinge im Boden, lassen sie sich nur noch sehr schwer bekämpfen. Mechanische Bodenbearbeitung im Frühjahr und Sommer, wenn die Larven nahe der Bodenoberfläche fressen, kann einen Teil von ihnen abtöten. Im Obst- und Weinbau werden im Flugjahr Netze am Boden ausgelegt, um die Eiablage durch die Weibchen zu verhindern. Der Einsatz insektenpathogener Pilze zur Bekämpfung der Engerlinge ist zurzeit noch nicht praxisreif. Fressen die Käfer am Laub von Gehölzen, können sie mit Insektiziden (siehe Seite 166ff.) bekämpft werden.

An einer Pflanzenwurzel fressender Engerling.

Bohrmehl an Einbohrlöchern und in der Astgabel einer Kiefer.

Einige Käfergattungen nutzen das Holz von Nadel- und Laubgehölzen als Entwicklungsort ihrer Larven. Besiedelte Bäume kümmern und können bei starkem Besatz auch ganz absterben. Die meisten **Holz bewohnenden Käferarten** besiedeln allerdings bevorzugt geschwächte Gehölze, zum Beispiel nach Trockenheit. Großgehölze sind besonders in den ersten Jahren nach der Pflanzung anfällig für eine Besiedlung durch Holz bewohnende Käfer. Der Schaden wird am Anfang oft nicht erkannt, da das Gehölz je nach Besatzdichte mehrere Jahre oberflächlich symptomlos bleiben kann.

Harzendes Einbohrloch des Riesenbastkäfers.

Untrüglicher Hinweis auf eine beginnende Besiedlung durch **Borkenkäfer**, *Scolytidae*, sind die Bohrmehlhäufchen, die in Astgabeln oder auf anderen Unebenheiten am Stamm zu finden sind. Die Einbohrlöcher selbst sind je nach Käferart so klein, dass sie erst bei genauer Kontrolle gefunden werden können. Die Bohrlöcher können sich abhängig vom Verursacher konzentriert im Stammfußbereich, über den Stamm verteilt oder an stärkeren Ästen befinden. Besteht der Verdacht einer Besiedlung durch Borkenkäfer, sollte die Rinde im Bereich eines Einbohrloches angeschnitten werden. Je nach Zeitpunkt der Untersuchung befinden sich die dunkel

Fraßbilder von Borkenkäfern an einem abgestorbenem Stamm.

gefärbten, meist kleinen Käfer (2 bis 6 mm lang) noch im unmittelbaren Bereich des Einbohrloches. Später können auch die für die jeweilige Art charakteristischen Fraßbilder und die beinlosen, hell gefärbten Larven mit brauner Kopfkapsel gefunden werden.

Der typische, allerdings artspezifisch variierende Entwicklungsgang der rindenbrütenden Borkenkäfer beginnt mit der Besiedlung der Stämme durch die erwachsenen Käfer im Frühjahr. Die Käfer werden bei sonnigem Wetter vor allem durch baumeigene Lockstoffe zu ihren Wirtspflanzen geleitet. Durch das Einbohren der ersten Käfer entstehen Verletzungen an der Rinde, diese Lockstoffe werden vermehrt frei, wodurch die Primärlockwirkung verstärkt wird. Zusätzlich produzieren die Käfer eigene Lockstoffe, die weitere Individuen zum Fraßbaum führen. Diese Lockstoffe haben auch die Aufgabe, konkurrierende Borkenkäferarten sowie bei Erreichen der optimalen Besiedlungsdichte des Wirtsbaumes weitere Käfer der eigenen Art von einem Anflug abzuhalten. Nach der Begattung werden die Eier in einem vom erwachsenen Käfer angelegten Gang im Kambiumbereich des Wirtsbaumes abgelegt. Die daraus schlüpfenden Larven legen weitere Gänge an. Die meisten Arten der rindenbrütenden Borkenkäfer ernähren sich von den Zellinhalten des Rindengewebes, des Kambiums und des äußeren Splintholzes. Am Ende der Larvengänge verpuppen sich die Larven und die Jungkäfer nagen ein Ausflugloch, durch das sie den Brutbaum verlassen. Je nach Art und Witterungsverlauf können sich eine oder mehrere Generationen im Jahr entwickeln. Die Käfer sind recht langlebig und können ihrerseits mehrere Bruten durchführen.

Bekämpfungsmaßnahmen gegen rindenbrütende Borkenkäfer sind

nicht einfach, da die Käfer nach dem Einbohren und die Larven in ihren Gängen nur noch schwer mit Insektiziden erfasst werden können. Voraussetzung für einen Bekämpfungserfolg ist daher das frühzeitige Erkennen eines Besatzes. Der Einsatz von käuflichen Lockstoffen (Pheromonen) zur Bestimmung des Flugzeitraums und damit des optimalen Zeitpunkts zur Bekämpfung ist im Garten kaum durchzuführen. Für die Praxis wird es in der Regel sinnvoller sein, gefährdete Bäume auf Einbohrlöcher zu kontrollieren. Wird ein Besatz sehr frühzeitig erkannt, kann auch das Freilegen der Fraßgänge und das mechanische Abtöten von Käfern und Larven zum Erfolg führen. Die Behandlung besiedelter Stämme mit Insektiziden, wie sie im Waldbau durchgeführt wird, ist mit den für den Haus- und Kleingartenbereich zugelassenen Wirkstoffen nicht möglich. Bei starkem Besatz sollte der betroffene Baum zugunsten noch befallsfreier Nachbarbäume entfernt werden. Dadurch kann die Verbreitung der Schädlinge verhindert werden. Besonders gefährdet sind Gehölze in unmittelbarer Waldnähe, da hier jederzeit mit dem Zuflug von Borkenkäfern zu rechnen ist.

Splintkäfer gehören ebenfalls zur Familie der Borkenkäfer. Ihre Lebensweise unterscheidet sich aber deutlich von jener der rindenbrütenden Borkenkäfer. Wie der Name verrät, dringen diese Käfer tiefer in das Holz ein. Dadurch sind sie auch als Wegbereiter Holz zerstörender Pilze und als Auslöser für statische Probleme der besiedelten Bäume gefürchtet. An Obstbäumen und anderen Laubgehölzen tritt recht häufig der **Ungleiche Holzbohrer**, *Anisandrus dispar*, auf.

Die etwa 3 mm großen, dunkel gefärbten Weibchen werden von den kleineren und gedrungeneren Männchen noch in ihrem Brutsystem begattet und fliegen etwa im April zu neuen Wirtspflanzen. Die Weibchen bohren sich dort zunächst senkrecht in den Stamm und legen dann Gänge entlang der Jahresringe an, wo die Eier abgelegt werden. Die Larven fertigen keine eigenen Gänge an, sondern ernähren sich von Pilzen, die in den Käfergängen wachsen. Diese als Ambrosiapilze bezeichneten Organismen zerstören das umgebende Holz, sodass besiedelte Äste absterben. Bei starkem Besatz ist zusätzlich mit Sekundärschäden durch Holz zerstörende Pilze zu rechnen.

! Die **Obstbaumsplintkäfer** (z.B. der Ungleiche Holzbohrer) können mithilfe von Alkoholfallen zumindest teilweise abgefangen werden. Bei den im Handel erhältlichen Rebell-Fallen werden die Weibchen durch Aethyl-Alkohol angelockt und bleiben auf beleimten Farbtafeln kleben. Die direkte Bekämpfung der Käfer ist mit den zur Verfügung stehenden Insektiziden nicht Erfolg versprechend.

Stämme und Starkäste von Gehölzen werden gelegentlich von **Prachtkäfern**, *Buprestidae*, besiedelt. Die schlanken, meist glänzend gefärbten Prachtkäfer besiedeln bevorzugt kümmernde oder neugepflanzte Gehölze. Im Frühjahr werden die Eier von den Weib-

Ungleicher Holzbohrer

Freigelegter Fraßgang einer Prachtkäferlarve am Weißdorn.

chen auf die Borke der Stämme abgelegt, die Larven bohren sich in den Stamm ein. Ihre kleinen Einbohrlöcher sind nur schwer zu finden. Die Larven fressen im Kambium meist charakteristisch geschlängelte Gänge entlang des Stammes. An den Fraßstellen platzt die Borke später oft auf, sodass dadurch eine Besiedlung deutlich erkennbar wird. Nach zwei Jahren Fraßzeit im Holz verpuppen sich die Larven. Die Käfer verlassen ihre Wirtspflanze durch ein linsenförmiges Bohrloch.

! Wird ein Besatz festgestellt, so kann versucht werden, den Fraßgang freizulegen und die darin fressende Larve mechanisch abzutöten. Stammbehandlungen sind mit den zur Verfü-

Gänge der Maulwurfsgrille unter Trittplatten. Kleines Bild: erwachsene Maulwurfsgrille.

gung stehenden Insektiziden nicht Erfolg versprechend. Vor jeglichen Bekämpfungsmaßnahmen ist zu beachten, dass einige Prachtkäferarten unter Naturschutz stehen.

Maulwurfsgrillen oder **Werren**, *Gryllotalpa gryllotalpa*, können auch Schädlinge wie Drahtwürmer oder Schnecken dezimieren. Sie befressen gelegentlich pflanzliches Gewebe, der Schaden, der durch das Abfressen von Wurzeln verursacht wird, ist jedoch recht gering. Dennoch sind Bekämpfungsmaßnahmen meist notwendig, da die Tiere durch ihre Grabtätigkeit die zarten Wurzeln von Gemüsepflanzen, Sommerblumen oder Stauden abreißen und so zum Absterben der Pflanzen beitragen können. Die bis 50 mm großen Tiere legen im Boden Nesthöhlen an, in denen im Sommer über mehrere Wochen verteilt die Eier abgelegt werden. Aus diesen schlüpfen bald die Larven, die meist nach zwei Jahren ausgewachsen sind. Seit 2002 stehen die Maulwurfgrillen auf der Roten Liste gefährdeter Tiere.

Erste Bekämpfungsmaßnahme ist das Abfangen der Tiere mithilfe eingegrabener Becher oder Gläser. Allerdings müssen die Fallen rechtzeitig aufgestellt werden, bevor die Tiere ihre Erdnester anlegen und sich vermehren. Es kann auch versucht werden, diese Erdnester auszugraben und so einen Besatz zu reduzieren. Auf kleinen Flächen können die Maulwurfsgrillen auch mit folgender Methode bekämpft werden: In eine Gangöffnung wird zunächst etwas Wasser, dann Speiseöl und erneut Wasser gegossen. Die Maulwurfsgrillen kommen dann sehr schnell an die Oberfläche, wo sie aufgrund der durch das Öl verstopften Atemöffnungen absterben. Seit 1998 sind Nematoden der Art *Steinernema carpocapsae* im Handel erhältlich, die in die Tiere eindringen und ein tödliches Bakterium abgeben. 500 000 Nematoden je Quadratmeter werden im April bis Mai auf den mindestens 12 °C warmen Boden ausgebracht, der die nächsten Wochen nicht austrocknen darf. Diese Methode kann bei richtiger Anwendung die erwachsenen Tiere effektiv dezimieren, die Larven werden von den Nematoden allerdings nicht parasitiert.

Wirbeltiere

In Gärten können hin und wieder auch Wirbeltiere Schäden anrichten oder zumindest lästig werden. Das trifft auch unter Umständen auf Katzen oder streunende Hunde zu, die durch Scharren in frisch angelegten Saatbeeten größere Schäden anrichten können. Hier bietet der Handel entsprechende Duftstoffe an, die Katzen oder Hunde fernhalten sollen.

Wühlmaus

Gärten mitten im Siedlungsbereich werden nur in Ausnahmefällen von **Wühlmäusen**, *Arvicola terrestris* – auch **Schermäuse** genannt – besiedelt. Dagegen können sie in unmittelbar an Streuobstwiesen grenzenden Randlagen große Schäden anrichten. Wühlmäuse fressen praktisch alle unterirdischen Pflanzenteile und können Schäden an Gemüsepflanzen, Sommerblumen, Stauden, Zwiebelblumen und Gehölzen anrichten.

Die Wühlmaus ist 15 bis 20 cm lang und besitzt einen runden, 10 bis 15 cm langen Schwanz. Ihr Fell ist oberseits dunkel graubraun, an den Flanken und der Bauchseite heller gefärbt. Die weit verzweigten Baue werden bevorzugt in bindigen, wenig bearbeiteten Böden

Sitzstange für Greifvögel.

angelegt. Sie werden häufig mit den Gängen des Insekten vertilgenden und unter Artenschutz stehenden Maulwurfs verwechselt. Maulwürfe halten sich jedoch eher in lockeren, frisch bearbeiteten Böden auf, ihre Haufen sind höher aufgeworfen. Der Querschnitt eines Maulwurfsganges ist breitoval im Gegensatz zum hochovalen Gang der Wühlmaus. Wird der Gang geöffnet, unterwühlt der Maulwurf den alten Gang, die Schermaus verstopft die Öffnung mit einem festen Erdpfropfen.

Wühlmausübervermehrungen treten nur alle zwei bis vier Jahre auf, dazwischen können deren natürliche Feinde die Population wirksam begrenzen. Dazu gehören insbesondere Greifvögel, die am Siedlungsrand durch das Aufstellen von Sitzstangen gefördert werden können; das Kurzhalten des Grasbewuchses

Wühlmaushaufen in einer Wiese.

erhöht den Fangerfolg der Greifvögel. Durch das Anlegen von Stein- und Holzhaufen können Marder und Wiesel in Gärten angesiedelt werden. Auch Katzen und Hunde fangen gelegentlich Wühlmäuse.

Sind in gefährdeten Gärten Neupflanzungen von Gehölzen vorgesehen, so können die Wurzeln durch Drahtgeflechte im Boden in den ersten Jahren vor einem Wühlmausfraß geschützt werden. Wird das Drahtgeflecht um den gesamten gefährdeten Gartenbereich bis in mindestens 80 cm Tiefe eingegraben, kann die Besiedlung durch Wühlmäuse verhindert werden. Unter Obstbäumen sollte das Fallobst entfernt werden, um die Tiere nicht unnötig anzulocken. Zur direkten Bekämpfung der Wühlmaus werden im Hausgarten am besten Fallen eingesetzt.

Nagerschäden an Stämmen werden durch eine Schutzmanschette verhindert.

In zusammenhängenden Gartensiedlungen sollten solche Bekämpfungsaktionen gemeinsam durchgeführt werden, am besten im Herbst oder frühen Frühjahr. Zunächst muss durch die so genannte Verwühlprobe geprüft werden, ob der Bau noch von einer Wühlmaus bewohnt wird. Dazu wird ein Gangstück von etwa 20 cm Länge geöffnet und markiert. Ist der geöffnete Gang noch bewohnt, so schiebt die Wühlmaus die Öffnung nach kurzer Zeit mit Erde zu. Ist dies der Fall, wird der Gang erneut geöffnet und eine Falle eingesetzt, die in kurzen Abständen überprüft werden muss. Der Fachhandel bietet verschiedene Fallentypen an, die teilweise mit Ködern versehen werden; auch Lebendfallen sind auf dem Markt. Außer dem Einsatz von Fallen können auch Gas erzeugende Produkte oder Giftköder (siehe Seite 183) in die Gänge eingebracht werden. Alternative Methoden wie das Anpflanzen von Kaiserkronen oder Knoblauch zeigen nur eine sehr begrenzte Wirkung. In Versuchen unabhängiger Prüfstellen konnte keine Wirkung von Schallwellen erzeugenden Geräten zur Wühlmausvertreibung nachgewiesen werden.

Hasen, Kaninchen

Hasen oder **Kaninchen** können an Gartenpflanzen massive Fraßschäden verursachen. An Gemüse und Stauden werden grüne Pflanzenteile abgefressen. Einige Staudenarten wie Haselwurz – *Asarum europaeum*, Lerchensporn – *Corydalis cava,* oder Bingelkraut – *Mercurialis perennis,* und einige Farne wie Frauenfarn – *Athyrium filix-femina*, Wurmfarn – *Dryopteris filix-mas,* oder Straußfarn – *Matteucia struthiopteris,* werden weniger von Kaninchen befressen. Im Winter dient die Rinde von Gehölzen als Nahrungsquelle. Betroffen sind meist Obstgehölze, die durch den

Netze schützen die Kirschernte vor Vögeln.

Fraß stark leiden und absterben können.

Durch das Anbringen von Draht- oder Kunststoffmanschetten um den Stamm kann ein Fraßschaden verhindert werden. Werden mit Wildschadenverhütungsmitteln (siehe Seite 183) getränkte Stofflappen an Pfählen im Abstand von drei bis sechs Metern um den gefährdeten Gartenbereich angebracht, können die Hasen und Kaninchen ferngehalten werden. Diese Maßnahme muss etwa alle vier bis sechs Wochen wiederholt werden.

Vögel

Im Garten verursachen **Vögel** Schäden durch Fraß an Früchten und Knospen (Winter).

Eine Abwehrmöglichkeit bietet der Einsatz spezieller Schutznetze, die zur Fruchtreife über die gefährdeten Kulturen gelegt werden. Reflektierende Metallstreifen zeigen zumindest eine Zeitlang eine abschreckende Wirkung auf die Vögel. Schutz vor Knospenfraß kann durch das Spritzen gefährdeter Gehölze mit Weißspritzmitteln geschehen. Dazu kann zum Beispiel 1,5 kg Branntkalk mit 0,6 l angesetztem Tapetenkleister in 10 l Wasser eingemischt und auf die gefährdeten Gehölze gespritzt werden. Dies sollte aber erst dann geschehen, wenn tatsächlich Schäden aufgetreten sind, um den Überraschungseffekt zu nutzen.

Obst

Apfel

Absterben des gesamten Baumes
Nichtparasitäre Ursachen wie Trockenheit oder Staunässe können zum Absterben neu gepflanzter Bäume führen. Apfelbäume können wie alle Gehölze auch vom Hallimaschpilz (siehe Seite 21ff.) befallen und abgetötet werden.

Sind am Stammfuß nach dem Anschneiden schokoladenbraune Verfärbungen zu finden, handelt es sich um einen Befall durch den Pilz *Phytophthora cactorum*, der an Apfelbäumen als **Kragenfäule** auftritt. Das Fallobst hat eine große Bedeutung als Infektionsquelle. Auf ihm kann sich der Erreger vermehren und dringt dann insbesondere über Verletzungen im Bereich der Veredlungsstelle in den Stamm ein. Das Kambium wird abgetötet und nimmt schließlich eine schwammige Struktur an.

Fallobst sollte nie unter den Apfelbäumen liegengelassen werden. Wird ein *Phytophthora*-Befall frühzeitig erkannt, sollten die abgestorbenen Gewebebereiche herausgeschnitten werden, um die Krankheitsentwicklung zu stoppen. Im fortgeschrittenen Stadium sind Maßnahmen jedoch kaum mehr möglich.

Durch **feuerbrandinfizierte Unterlagen** (siehe Seite 16ff.) kleinerer Baumformen fällt oft der ganze Baum der Krankheit zum Opfer.

Sind keine Anzeichen für einen Pilz- oder Bakterienbefall im Stammfußbereich zu finden, kommen auch **Wühlmäuse** (siehe Seite 55ff.) und **Engerlinge** (siehe Seite 51) als Verursacher des Schadens infrage. Besonders Neupflanzungen sind durch deren Fraß an den Wurzeln sehr gefährdet.

Krebs an einem altem Apfelbaum.

Absterben von Ästen und Trieben

Eine an Apfelbäumen regelmäßig auftretende Holzkrankheit ist der durch den Pilz *Nectria galligena* hervorgerufene **Obstbaumkrebs**. Der Erreger dringt im Herbst über Wunden oder Blattstielnarben in die Äste ein und tötet das Rindengewebe ab. Der Baum versucht, die abgetöteten Rindenbereiche zu überwallen, dadurch entstehen an den Ästen umfangreiche Gewebewucherungen, die sich immer weiter vergrößern. Im Herbst sind auf den tumorartigen Rindenwucherungen etwa 0,5 mm große, kugelige, rot gefärbte Fruchtkörper zu finden. Befallene Pflanzenteile werden nicht mehr ausreichend versorgt und können absterben. Der Erreger kann während des ganzen Jahres infizieren, größte Infektionsgefahr herrscht im Herbst und frühen Winter.

Befallene Äste müssen frühzeitig entfernt werden. Befinden sich die Infektionsstellen an älterem Holz, ist eine Entfernung der befallenen Astpartien ohne zu große Eingriffe in die Krone oft nicht möglich. Dann werden die befallenen Rindenpartien großzügig ausgeschnitten oder ausgefräst. Die entstandenen Wunden können mit Wundverschlussmitteln (siehe Seite 187) versorgt werden. Der Einsatz von Fungiziden während des Laubfalls zum Schutz der frischen Blattnarben vor Infektionen ist derzeit mangels ausgewiesener Präparate nicht möglich.

Die Apfelsorten sind unterschiedlich anfällig gegenüber dem Obstbaumkrebs. Als anfällig gelten die Sorten 'Berlepsch', 'Gloster', 'Goldparmäne', 'James Grieve', 'Jonagold' und 'Red Delicious', die zumindest auf kühlen – und damit krebsgefährdeten – Standorten nicht gepflanzt werden sollten. Weniger anfällig sind dagegen unter anderem die Sorten 'Discovery' und 'Ontario'.

Wucherungen an den Ästen von Apfelbäumen können auch von **Blutläusen**, *Eriosoma lanigerum*, verursacht werden. Im Bereich der knotigen Gewebeanschwellungen sind schwarze, etwa 1 bis 2 mm große, dunkel gefärbte Läuse zu finden, die von einer dichten, fädigen Wachswollschicht bedeckt sind. Diese schützt die Tiere vor manchem natürlichen Feind, sie erschwert auch die Bekämpfung mit Pflanzenschutzmitteln.

Die Bäume leiden durch den Blutlausbesatz unter einem behinderten Wasser- und Nährstofftransport in den betroffenen Ästen; bei sehr starkem Besatz können dünnere Äste absterben. Die Larven überwintern am Stammfuß oder an oberflächennahen Wurzeln. Im Frühjahr setzt die ungeschlechtliche Vermehrung ein, die Tiere wandern in die Krone ihres Wirtsbaumes und besiedeln dort Schnittstellen oder Triebe. Im Sommer entwickeln sich geflügelte Läuse, die andere Bäume besiedeln können. Je nach Witterung können sich sechs bis acht Generationen im Jahr entwickeln.

Zur biologischen Bekämpfung der Blutlaus wurde ein Gegenspieler

Blutlauskrebs an Apfelzweigen.

Abgetötete Blutläuse mit Ausschlupflöchern der Zehrwespe.

aus dem natürlichen Verbreitungsgebiet Nordamerika eingebürgert. Die Blutlauszehrwespe, *Aphelinus mali*, legt jeweils ein Ei in die Blutlaus ab, die Wespenlarve entwickelt sich im Schädling, der dadurch abstirbt. Die erwachsene, dunkel gefärbte, nur etwa 2 mm große Wespe verlässt ihren Wirt durch ein rundes Loch auf dem Rücken der Laus. Durch Einbringen von Astabschnitten mit parasitierten Blutlauskolonien in noch nützlingsfreie Baumkronen kann die Zehrwespe gezielt angesiedelt werden. Die Blutlauszehrwespe erfüllt ihre Aufgabe in der Regel so gut, dass der Schädling nicht bekämpft werden muss. Bevor ein gezieltes Vorgehen gegen die Blutlaus in Erwägung gezogen wird, sollte daher überprüft werden, ob die Blutlauszehrwespe vorhanden ist. Sind auf dem Rücken der Läuse runde Löcher zu erkennen, kann von einer erfolgreichen Parasitierung ausgegangen werden. Ist dies nicht der Fall, können die Blutlauskolonien zunächst mechanisch mit einer kräftigen Bürste entfernt werden. Der Schädling kann auch mit Insektiziden (siehe Seite 166ff.) bekämpft werden, die am besten mithilfe eines Pinsels gezielt auf die Blutlauskolonien gestrichen werden.

Blutlauskolonie an einem Apfelzweig.

Sterben Triebspitzen an Apfelbäumen ab, ist in Befallslagen und -jahren oft das **Feuerbrandbakterium** (siehe Seite 16ff.) dafür verantwortlich.

Blattflecken und -beläge

Die bedeutendste Pilzkrankheit im Apfelanbau ist der **Apfelschorf**, *Venturia inaequalis*. Der Pilz verursacht Blattflecken und kann bei starkem Befall zum vorzeitigen Blattabwurf führen. Auch die Früchte werden von ihm infiziert, dabei entstehen Schäden, die die Lagerfähigkeit der Früchte stark beeinträchtigen (siehe Seite 67). Die Erstinfektion im Frühjahr geht meist von den auf dem abgefallenen Laub ausgebildeten Sporen aus. Schorfsymptome können oft schon an den ersten Blättchen festgestellt werden. Auf der Blattoberfläche ist dann ein olivgrüner Schimmer zu finden. Später stirbt das Blattgewebe in diesem Bereich ab und wird braun. Während des Sommers finden innerhalb der Baumkrone laufend Neuinfektionen statt.

Um die recht aufwändige Schorfbekämpfung zu vermeiden oder zumindest einzuschränken, sollte bei Neupflanzungen auf Apfelsorten zurückgegriffen werden, die wenig anfällig gegen diesen Erreger sind. Dazu gehören zum Beispiel 'Florina', 'Reglindis', 'Remo'

Beginnender Schorfbefall an einem Apfelblatt.

Starker Schorfbefall an einem Apfelblatt.

Mine in einem Apfelblatt durch die Larve der Schlangenminiermotte.

oder 'Rewena', aber auch ältere Sorten wie 'Berlepsch', 'Glockenapfel', 'Jonathan' oder 'Roter Boskoop'.

Um die entscheidenden Erstinfektionen zu verhindern, darf unter den Apfelbäumen und in deren unmittelbarer Umgebung im Frühjahr kein unverrottetes Laub mehr vorhanden sein. Viele Fungizide (siehe Seite 165ff.) haben eine gute Wirkung gegen den Schorfpilz; entscheidend für den Bekämpfungserfolg sind regelmäßige Spritzungen ab Laubaustrieb bei Infektionsgefahr. Infektionsgefahr besteht immer dann, wenn die jungen Blättchen ausreichend lange feucht waren, also nach Morgentau oder Niederschlag. Die für das Auskeimen der Schorfsporen notwendige Zeit ist von den Temperaturen abhängig: Je wärmer es ist, desto schneller keimen die Sporen.

Mehr oder weniger geschlängelte braune Linien auf den Blättern werden von den Larven der **Schlangenminiermotte**, *Lyonetia clerkella*, verursacht, die im Blattgewebe schmale Fraßgänge anlegen. Meist entwickeln sich drei Generationen im Jahr, die etwa 5 mm großen Falter der letzten Generation überwintern.

Der Schaden für den Baum hält sich in Grenzen, sodass Bekämpfungsmaßnahmen nicht notwendig sind. Bei kleinen Bäumen kann die Population durch Abpflücken und Vernichten der besiedelten Blätter etwas dezimiert werden.

Echter Mehltau an Apfelblättern.

An manchen Apfelsorten tritt der **Apfelmehltau**, *Podosphaera leucotricha*, so stark auf, dass die Triebspitzen absterben. Neben den weißen Belägen führt der Erreger auch zu Blattrollungen. Der Pilz überwintert in den Knospen und beginnt von dort aus zum Zeitpunkt des Austriebes die Besiedlung des sich neu entwickelnden Gewebes. Besonders gefährdet ist junges, weiches Pflanzengewebe bei schwül-warmer Witterung.

Werden widerstandsfähige Sorten wie zum Beispiel 'Elstar', 'Piros', 'Remo' oder 'Rewena' gepflanzt, kann der Einsatz von Fungiziden deutlich reduziert werden. Befallene Triebspitzen müssen spätestens im Frühjahr entfernt werden. Anfällige Sorten müssen vom Laubaustrieb bis mindestens Anfang oder Mitte Juni *regelmäßig* im Abstand von zehn bis vierzehn Tagen mit Fungiziden (siehe Seite 165ff.) behandelt werden.

Fahle Blattverfärbungen können durch die Saugtätigkeit der **Obstbaumspinnmilbe** verursacht worden sein (siehe Seite 37).

Diffuse, aufgehellte, ring- oder bandförmige Flecken weisen auf **Viruserkrankungen** hin (siehe Seite 14ff.).

Blütenschäden

Verbräunte Blüten können durch **Spätfröste** (siehe Seite 10) oder durch Bakterienkrankheiten wie **Feuerbrand** (siehe Seite 16ff.) oder *Pseudomonas* (siehe Seite 19) verursacht werden.

Öffnen sich die Blüten nicht, sondern verharren im Ballonstadium, ist der **Apfelblütenstecher**, *Anthonomus pomorum*, für den Schaden verantwortlich. Der dunkle, etwa 4 mm große Rüsselkäfer kann so den Fruchtansatz deutlich reduzieren. Die in Rindenritzen überwinternden Weibchen legen im Frühjahr je ein Ei in die Blütenknospe ab. Hier entwickelt sich in wenigen Wochen die Käferlarve, die sich von den Blütenorganen ernährt. Die Larve verpuppt sich in der Knospe und verlässt diese im Juni bis Juli als Käfer, der an den Blättern frisst, aber dem Baum damit kaum schadet.

Hat der Apfelbaum sehr viele Blütenknospen angesetzt, lohnt sich die Bekämpfung des Apfelblütenstechers meist nicht, da sich trotzdem noch genügend Früchte entwickeln. Soll bei geringem Blütenansatz eine Bekämpfung durchgeführt werden, muss der optimale Zeitpunkt ermittelt werden. Ist die Eiablage erst einmal erfolgt, haben Spritzun-

Schadbild durch den Apfelblütenstecher.

Vertrocknete Blüte, verursacht durch einen Apfelblütenstecher.

gen keinen Effekt mehr. Als Orientierungshilfe können Wellpapperinge vor dem Austrieb an den Stämmen angebracht und regelmäßig kontrolliert werden. Sind hier viele Käfer zu finden, kann an einem warmen Tag gegen den Schädling gespritzt werden (siehe Seite 166ff.).

Fruchtschäden

Der **Apfelschorf**, *Venturia inaequalis*, befällt neben dem Laub (siehe Seite 64f.) auch die Früchte. An diesen können zwei verschiedene Symptome auftreten: Findet eine Infektion zu einem sehr frühen Zeitpunkt der Fruchtentwicklung statt, reißt die Schale an der verkorkenden Infektionsstelle auf. Es entstehen tiefe Verletzungen, die von Fäulepilzen als Eintrittspforten genutzt werden. Späte Infektionen, wenn die Frucht ihre Endgröße schon erreicht hat, führen nur zu graubraunen, grindigen Schorfflecken auf der Schale.

Spätschorf an einem Apfel.

Die bedeutendsten Fruchtschäden am Apfel werden durch verschiedene Schmetterlingsraupen verursacht, die als **Fruchtwicklerarten** zusammengefasst werden. Meist verursachen die verschiedenen Schalenwicklerarten der Gat-

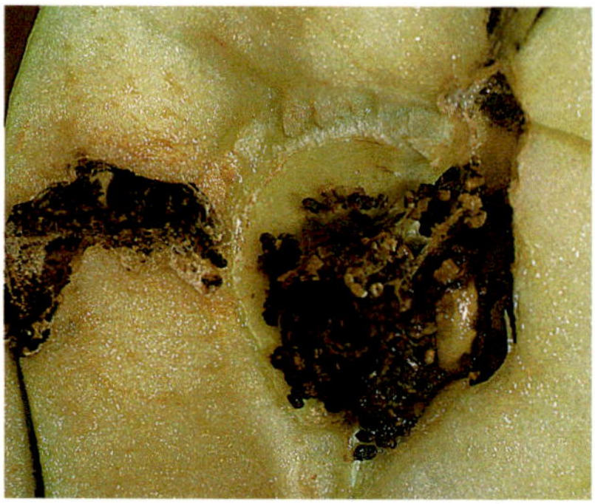

Links: Apfelwicklerraupe. Rechts: Mit Kotkrümeln gefüllter Fraßgang der Apfelwicklerraupe.

Lockstoff-Falle zur Apfelwicklerbekämpfung.

tungen *Adoxophyes*, *Pandemis* und *Archips* die geringeren Schäden, da sich die Fraßtätigkeit der Räupchen auf die Fruchtschale oder das direkt darunter liegende Fruchtfleisch beschränkt. Charakteristisch für Schalenwicklerraupen sind an die Frucht gesponnene Blätter, unter denen die Räupchen an der Fruchtschale fressen.

Der unbedeutende Schaden lohnt keine Bekämpfung im Hausgarten. Im übrigen werden sie durch die meisten Insektizide, die gegen den Apfelwickler eingesetzt werden, miterfasst.

Die Raupen des **Apfelwicklers**, *Laspeyresia pomonella*, werden als Obstmaden bezeichnet und verursachen massive Schäden an den Früchten. Die im Mai bis Juni aus ihren Kokons an der Baumrinde schlüpfenden Falter legen im Juni bis Juli ihre Eier an den sich entwickelnden Früchten ab. Die jungen Räupchen bohren sich durch die Schale und legen einen Fraßgang in Richtung des Kernhauses an. Dieser verbräunt und öffnet Fäulepilzen den Weg in die Frucht. Die Larven verlassen nach etwa drei Wochen Fraßzeit die Frucht und verpuppen sich in einem Gespinst am Stamm. Je nach Witterung und Lage der Apfelanlage können sich ein bis zwei Generationen im Jahr entwickeln, wobei die letzte Generation den wirtschaftlich größeren Schaden anrichtet. Die Raupen überwintern in einem Kokon an der Rinde, wo sie sich im Frühjahr verpuppen.

Im Hausgarten kann durch einfache Methoden der Besatz zumindest verringert werden. Die Apfelwicklerpopulation kann durch konsequentes Aufsammeln des Fallobstes reduziert werden, die darin befindlichen Larven können sich dann nicht zum Schmetterling entwickeln. Am Stamm angebrachte

Wellpappegürtel werden von den Raupen als Verpuppungsort genutzt und können mit diesen dann vernichtet werden. Sie müssen etwa Ende Juli und im Oktober entfernt werden, um beide Generationen zu erfassen. Ist der Einsatz von Insektiziden (siehe Seite 166ff.) notwendig, sollten die von den örtlichen Witterungsbedingungen abhängigen Terminempfehlungen der amtlichen Pflanzenschutzdienste genutzt werden, um einen möglichst hohen Wirkungsgrad zu erreichen. Das Apfelwickler-Granulosevirus wirkt ausschließlich gegen den Apfelwickler und kann die Schalenwicklerarten nicht erfassen.

Im Erwerbsobstbau wird neben dem Einsatz von Insektiziden gegen den Wickler nach Warndienstaufruf auch der Einsatz von Pheromonen erprobt. Diese Sexuallockstoffe können einerseits zur Bestimmung der Flugzeit des Falters dienen, andererseits werden sie auch zur Verwirrung eingesetzt. Durch massiven Einsatz dieser Duftstoffe finden die Männchen die paarungsbereiten Weibchen nicht mehr, wodurch eine Vermehrung unterbunden ist. Diese Methode ist aber nur in geschlossenen Anlagen durchführbar. Recht neu ist der Einsatz von artspezifischen Schlupfwespen, die bei den Nützlingszüchtern erworben werden können.

Früchte mit leicht eingesunkenen Stellen, denen im schalennahen Bereich des Fruchtfleisches Verbräunungen entsprechen, sind die Folge einer ernährungsphysiologischen Störung. Diese als **Stippigkeit** des Apfels bezeichnete Erscheinung wird auf ein unausgewogenes Verhältnis zwischen Calciumversorgung einerseits und Kalium- und Magnesiumversorgung andererseits zurückgeführt. Sehr große Früchte sind ebenso stippegefährdet wie zu früh geerntete oder zu lange gelagerte Früchte.

Flecken auf Apfelschale durch Stippigkeit.

Fruchtfleischverbräunungen durch Stippigkeit.

Maßnahmen gegen Stippigkeit sollten zunächst in einer ausgewogenen Nährstoffversorgung bestehen.

Im Erwerbsobstbau werden während der Fruchtentwicklung spezielle Präparate auf Calcium-Basis (zum Beispiel Anti-Stipp) gespritzt, um der Erscheinung vorzubeugen.

Auch wenn gesund erscheinende Äpfel eingelagert werden, können manchmal im Lagerraum **Fruchtfäulen** auftreten. Je ungünstiger die vorhandenen Lagermöglichkeiten im Keller oder Vorratsraum sind, desto eher treten Probleme mit verschiedenen Pilzkrankheiten

Lagerfäulen an Äpfeln.

an den Früchten auf. Die Früchte wurden meist schon am Baum infiziert, die Entwicklung des Pilzes erfolgt erst im Lager.

Durch sorgfältiges Sortieren der Früchte vor der Einlagerung können diese Probleme vermindert werden. Alle verletzten oder mit Infektionsstellen versehenen Früchte müssen für den sofortigen Verzehr verwendet werden und dürfen erst gar nicht in den Lagerraum gelangen. Werden die Lagerbehälter jedes Jahr gründlich gesäubert, kann die Überdauerung von Pilzen und die Infektion gesunder Früchte im Lagerraum verhindert werden. Natürlich muss auch die sortenspezifische Lagereignung berücksichtigt werden. Ratsam ist auch die Einlagerung in kleinen, voneinander getrennten Portionen, um auftretende Erreger von der Infektion des gesamten Lagerbestandes abzuhalten.

Birne

Absterben von Trieben

Junge, weiche Triebe können von den Bakterienkrankheiten *Pseudomonas* (siehe Seite 19) oder **Feuerbrand** (siehe Seite 16ff.) abgetötet werden.

Blattdeformationen

Die **Birnblattsauger**, *Psylla* sp., können durch ihre Saugtätigkeit Krankheiten von infizierten auf gesunde Birnbäume übertragen. Besonders häufig kommt dies beim Birnenverfall vor, einer Krankheit, die zu einer frühen Rotfärbung des Laubes und langfristig zum Absterben der infizierten Bäume führen kann. Der direkte Schaden durch die Birnblattsauger ist dagegen eher gering. Der Besatz äußert sich im Frühjahr durch verkrüppelte junge Blättchen. Zur Zeit des Austriebs können an den Trieben oder den jungen Blättchen die aus gelben, etwa 0,5 mm großen, länglich ovalen Eiern bestehenden Gelege gefunden werden. Daraus schlüpfen die Larven, die sich nach mehreren Häutungen zu den geflügelten, etwa 4 mm großen, grün bis braun gefärbten erwachsenen Tieren entwickeln. Diese wandern teilweise auf andere Gehölze ab, überwintern und legen zum Zeitpunkt des Austriebs ihre Eier an den Birnen ab.

Erwachsener Birnblattsauger.

Durch Birnblattsauger hervorgerufene Blattdeformationen.

Treten diese Schädlinge an Neupflanzungen verstärkt auf, kann eine Bekämpfung notwendig werden. Dazu sind wiederholte Insektizidspritzungen (siehe Seite 166ff.) von April bis Juni notwendig.

Blattschäden

Der Pilz *Gymnosporangium sabinae* verursacht an Birnenblättern, gelegentlich auch an den Früchten, sehr auffällige Symptome; die Krankheit wird als **Birnengitterrost** bezeichnet. Nach erfolgreicher Infektion sind auf der Blattoberseite junger Blättchen zunächst nur kleine gelbe Flecken zu finden. Mit fortschreitender Jahreszeit vergrößern sich diese Flecken bis auf 10 mm Durchmesser, sie verfärben sich dunkler und nehmen eine orangerote Färbung an. Auf der Blattunterseite bildet sich zunächst ein knorpeliger Auswuchs. Auf diesem entstehen die namensgebenden, gitterartig aufreißenden, zwiebelförmigen Sporenlager, die selten auch auf Früchten oder Blattstielen gebildet werden. Die hier gebildeten Sporen werden vom Wind verfrachtet und infizieren im

Gelborangegefärbte Blattflecken durch den Birnengitterrost.

Herbst den Hauptwirt Wacholder über die Nadeln bzw. Schuppen. Befallene Wacholdertriebe schwellen spindelförmig an, im Frühjahr können an den Trieben des Wacholders gallertartige, orangebraune Fruchtkörper gefunden werden- Hier werden die Sporen gebildet, die für die Infektionen der Birnenblätter verantwortlich sind (siehe Seite 121f.).

Fruchtkörper des Birnengitterrostes auf der Blattunterseite.

Das auffälligere Symptom wird zwar auf den Birnenblättern ausgebildet, der Schaden für den Baum ist aber selten nachhaltig. Mit dem Laubfall ist der Birnbaum in der Regel wieder befallsfrei. In Einzelfällen überwintert das Mycel in den Knospen. Auch optisch recht eindrucksvoller Befall von drei bis fünf Infektionsflecken je Blatt kann noch toleriert werden. Die Assimilationsleistung ist allerdings reduziert und es muss mit vorzeitigem Laubfall gerechnet werden. Bei mehrjährigem Befall in Folge können Birnbäume darunter leiden. Der Erreger des Birnengitterrostes ist zwingend auf beide Wirtspflanzen angewiesen, um seine Entwicklung zu beenden.

Bei solchen Erregern kann schon durch die räumliche Trennung der beiden Wirtspflanzen der Befall reduziert werden. Allerdings muss berücksichtigt werden, dass Pilzsporen über sehr große Strecken verfrachtet werden können und auch ein mehrere hundert Meter entfernt stehender Wacholder den Birnbaum noch infizieren kann. Fungizidspritzungen zur Verhinderung der Blattinfektionen an Birnen sind derzeit mangels ausgewiesener Präparate nicht möglich.

Im Durchmesser nur 1 bis 2 mm große, flache Pickel auf der Oberseite von Birnenblättern werden von der **Birnenpockenmilbe**, *Eriophyes pyri*, verursacht. Diese nur etwa 0,2 mm große Gallmilbenart überwintert unter Knospenschuppen und besiedelt während des Austriebs die Blattunterseiten. Durch die Saugtätigkeit der Milben entstehen die Gallen, in denen sie sich vermehren.

Die Bekämpfung der Birnenpockenmilbe ist meist nicht notwendig, sie wäre zum Zeitpunkt des Austriebs mit Pflanzenschutzmitteln (siehe Seite 166ff.) möglich.

Hellgrüne, meist ringförmige Blattfleckungen weisen auf eine **Viruserkrankung** (siehe Seite 14ff.) hin. Fraßschäden am Laub können unter anderem von den Raupen des **Frostspanners** (siehe Seite 130f.) verursacht werden.

Kirsche

Absterben von Trieben

Welken die gerade entwickelten Austriebe im Frühjahr, kann es sich um einen Befall durch den Pilz *Monilia laxa* handeln. Später können auch ganze Äste von der **Monilia-Spitzendürre** betroffen sein; im älteren Holz kommt der Erreger jedoch meist zum Stillstand. Ist die Witterung im Frühjahr zur Zeit der Kirschblüte feucht und kühl, findet der Erreger besonders gute Infektionsbedingungen vor. Die Sporen gelangen in die Blüten und keimen dort aus. Der Erreger dringt über den Blütenstiel in den Trieb ein. Dort wachsen die Hyphen in den Leitungsbahnen weiter und verstopfen diese. Durch Welketoxine, die vom Pilz produziert werden, wird der Wasser- und Nährstofftransport im infizierten Ast

Durch Monilia abgetötete Triebspitzen an Kirsche.

noch weiter gestört. Die Nebenfruchtform des Pilzes ist an Fruchtfäulen (siehe Seite 76) beteiligt.

Das Abpflücken und Vernichten solcher Fruchtmumien spätestens im Winter kann das Infektionspotenzial reduzieren. Befallene Zweige und Äste müssen schnellstmöglich entfernt werden, um ein Vordringen des Erregers ins gesunde Holz zu verhindern. Die Schnittfläche muss genau kontrolliert werden. Es dürfen keine dunklen Verfärbungen mehr erkennbar sein, sonst muss nochmals tiefer nachgeschnitten werden. Die Blüteninfektionen können durch Spritzungen mit Fungiziden (siehe Seite 165ff.) in die Blüte verhindert werden. Kurz vor dem Öffnen der Blüte sollte die erste Behandlung durchgeführt werden. Je nach Witterungsverlauf sind insgesamt zwei bis drei Spritzungen erforderlich. Bei trockenem Wetter während der Kirschblüte sind solche Maßnahmen nicht notwendig.

Kirschen werden auch von der Bakterienkrankheit *Pseudomonas* (siehe Seite 19) befallen, die zum Absterben von Trieben führen kann.

Blattschäden

Nach niederschlagsreicher Frühjahrswitterung tritt die durch den Pilz *Blumeriella jaapii* verursachte **Sprühfleckenkrankheit** verstärkt auf. Die befallenen Blätter sind ab Juni mit zahlreichen kleinen, auf der Blattoberseite rötlichen Flecken versehen. Auf der Blattunterseite sind die Flecken durch die dort gebildeten Konidien der Nebenfruchtform, *Phloeosporella padi*, weiß gefärbt. Bei starkem Befall vergilben die infizierten Blätter und fallen vorzeitig ab. Der Pilz überwintert auf dem Falllaub und an jungen Trieben. Durch den vorzeitigen Laubfall leidet die Holzausreife und das Wachstum der befallenen Kirschbäume. Unter den gleichen Witterungsbedingungen tritt auch die durch verschiedene Pilzarten verursachte **Schrotschusskrankheit** auf. Hier entstehen zunächst braune Blattflecken, die später aus der Blattspreite herausfallen; stark befallene Blätter sind dann durchlöchert.

Im Hausgarten sollte dafür gesorgt werden, dass das Falllaub bis zum

Blattvergilbungen durch die Sprühfleckenkrankheit an Kirschblättern.

Blattflecken und Löcher: Schrotschusskrankheit

nächsten Frühjahr verrottet oder entfernt ist. Treten die Erreger erfahrungsgemäß stärker auf, können bedrohte Bäume in niederschlagsreichen Frühjahren kurz nach der Blüte mit Fungiziden (siehe Seite 165ff.) behandelt werden. Die Spritzung sollte etwa drei Wochen später wiederholt werden.

Häufig sind an Süßkirschentrieben stark deformierte, nach unten eingerollte Blätter zu finden, die eine brüchige Struktur haben. Diese werden durch die an den Blattunterseiten saugenden, bis 2 mm großen **Schwarzen Kirschenläuse**, *Myzus cerasi*, verursacht. Die Wintereier überdauern an der Rinde, aus ihnen schlüpfen im April die dunkel gefärbten Larven. Bis Juni saugen sie an den Blättern, dann wandern die geflügelten Läuse auf krautige Sommerwirte (zum Beispiel Ehrenpreis) ab. Im Herbst besiedeln die Läuse wieder Kirschbäume, um dort ihre Wintereier abzulegen. Vor allem an frisch gepflanzten Bäumen können durch die Saugtätigkeit größere Triebschäden verursacht werden, sodass Maßnahmen notwendig werden.

Dicht besiedelte Blätter sollten an Jungbäumen entfernt werden. Anschließend kann mit Insektiziden (siehe Seite 166ff.) mehrmals behandelt werden. Ab Mitte Juni lohnen sich Spritzungen nicht mehr, da die Läuse zu diesem Zeitpunkt abwandern.

Fraßschäden an Kirschblättern werden häufig durch die Raupen des **Frostspanners** (siehe Seite 130ff.) oder schneckenähnliche **Blattwespenlarven** (siehe Seite 46f.) verursacht. Chlorotische Ringe oder Linien auf der Blattoberfläche sind meist auf **Virusbefall** zurückzuführen (siehe Seite 14ff.).

Blütenschäden

Verbräunte Blüten an Kirschen können durch **Spätfröste** oder die Bakterien-

Durch die Schwarze Kirschenlaus hervorgerufene Blattrollungen.

Kolonie der Schwarzen Kirschenlaus auf der Blattunterseite.

krankheit *Pseudomonas* (siehe Seite 19) verursacht werden. Ist es während der Kirschblüte feucht und kühl, sind die abgestorbenen Blüten meist auf einen **Monilia-Befall** (siehe Seite 72f.) zurückzuführen.

Fruchtschäden

Die Maden der **Kirschfruchtfliege**, *Rhagoletis cerasi*, sind in manchen Jahren so zahlreich vorhanden, dass die gesamte Ernte nicht mehr verwertbar ist. Die Larven richten durch ihre Fraßgänge in den Kirschen großen Schaden an.

Die erwachsenen, bis 5 mm großen Fliegen schlüpfen im Frühsommer aus den Puppenhüllen im Boden. An reifende Kirschen und andere Wildfrüchte wird jeweils ein Ei abgelegt, die grüngelbe Farbe der Früchte lockt die Fliegen an. Die hellen Larven bohren sich in die Frucht und fressen einen Gang bis zum Kern. Bald verlassen die Larven die Früchte und verpuppen sich im Boden.

Die Bekämpfung der Kirschfruchtfliege durch Spritzmaßnahmen (siehe Seite 166ff.) wird dadurch erschwert, dass nur ein sehr kurzer Zeitraum zur Bekämpfung zur Verfügung steht. In die Früchte eingedrungene Maden werden durch Insektizide nicht mehr erfasst. Der richtige Zeitpunkt zur Bekämpfung kann mithilfe von Gelbtafeln selbst ermittelt werden. Erfahrungsgemäß kann die Blüte der Scheinakazien, *Robinia pseudoacacia,* als Orientierungshilfe für den richtigen Bekämpfungszeitpunkt herangezogen werden. Eine biotechnische Bekämpfungsmöglichkeit ist der Einsatz der im Handel erhältlichen Kirschfruchtfliegenfallen. Dies sind beleimte gelbe Tafeln, die aufgrund ihrer Färbung die Fliegen anlocken sollen. Die Tiere setzen sich auf die Tafel, kleben fest und verenden. Es sind etwa sechs bis zehn solcher Gelbtafeln je Baum notwendig. Sie müssen rechtzeitig vor dem Flugbeginn – etwa Mitte Mai – in die gefährdeten Baumkronen gehängt werden. Erfolg versprechend ist diese Methode bei isoliert stehenden Einzelbäumen oder bei großflächiger Anwendung unter Einbeziehung der Kirschbäume in den Nachbargärten. Nicht zu empfehlen ist der Einsatz dieser Fallen, wenn in unmittelbarer Nachbarschaft unbehandelte Kirschbäume stehen. In solchen Fällen ist mit starkem Zuflug von Kirschfruchtfliegen zu rechnen, von denen trotz hoher Fangzahlen noch zu viele die Kirschen mit Eiern belegen.

Kirschfruchfliege an einer reifenden Kirsche.

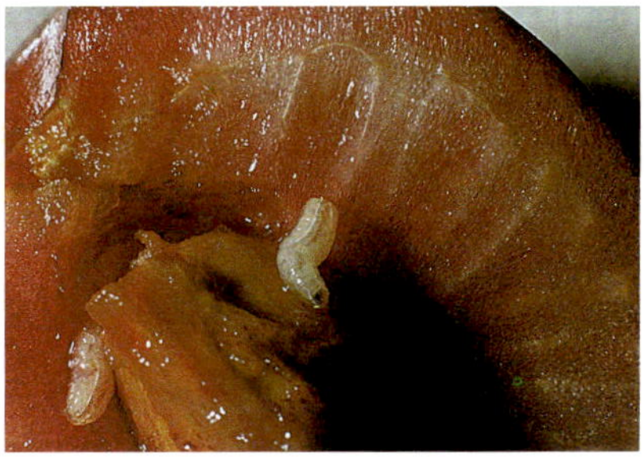

Maden der Kirschfruchtfliege in reifer Kirsche.

Besonders in feuchten Sommern faulen die Kirschen noch am Baum. Die **Fruchtfäuleerreger**, *Monilia laxa* und *Monilia fructigena*, verursachen charakteristische, kreisförmig angeordnete Pusteln auf der Fruchtschale, die aus einer Unmenge von Konidienträgern bestehen. Besonders gefährdet sind Früchte, deren Schale zum Beispiel durch Wespen oder Hagel verletzt wurde.

Ein Befall durch Fruchtfäuleerreger kann verringert werden, wenn Fruchtmumien konsequent entfernt, Verletzungen vermieden und zu starker Fruchtansatz ausgedünnt wird.

Bei **Starkregen** platzen reife Kirschen. Über die halbdurchlässige Fruchtschale nehmen die Kirschen Wasser auf und ihr Volumen vergrößert sich über die Dehnbarkeit der Fruchtschale.

Gelbe Flecken auf der Blattoberseite durch den Pflaumenrost.

Pflaume

Blattschäden

Eine häufig auftretende Blattkrankheit an Pflaumen ist der **Pflaumenrost**, *Tranzschelia pruni-spinosae*. Die Blätter sind auf der Oberseite zunächst fein gesprenkelt, die kleinen gelben Flecken wachsen auf etwa 1 mm Durchmesser an. Auf der Blattunterseite können je nach Zeitpunkt der Untersuchung zunächst gelbbraune, später dann dunkle Pusteln festgestellt werden. Die dort gebildeten Sporen dienen der Verbreitung des Pilzes. Starker Befall führt zu vorzeitigem Laubfall. Tritt dieser jährlich auf, ist eine Schwächung des befallenen Baumes zu befürchten. Die Holzausreife ist verschlechtert, was zu Frostschäden am neuen Trieb führen kann.

Der Pflaumenrost tritt nicht regelmäßig so stark auf, dass eine Bekämpfung immer erforderlich ist. In Befallsjahren kann der Schaden durch den wiederholten Einsatz von Fungiziden begrenzt werden (siehe Seite 165ff.). Die Spritzungen müssen ab Juni im Abstand von etwa zwei Wochen durchgeführt werden. Ab August lohnt sich die Bekämpfung nicht mehr.

Rostpusteln auf der Unterseite eines Pflaumenblattes.

Fruchtschäden

Ein mit den Fruchtwicklerarten am Kernobst eng verwandter Schädling entwickelt sich in den Pflaumenfrüchten. Die aus den Anfang Juni auf die reifende Frucht abgelegten Eiern schlüpfenden rötlichen Larven des **Pflaumenwicklers**, *Grapholita funebrana*, bohren sich durch die Schale in das Fruchtfleisch und fressen einen Gang in Richtung zum Kern. Im Fraßgang sind die dunklen Kotkrümel zu finden. Die Raupen verlassen die inzwischen abgefallenen Früchte nach etwa drei bis vier Wochen und verpuppen sich am Stamm oder am Boden. Im Juli schlüpfen die Falter der zweiten Generation, die erneut Früchte mit ihren Eiern belegen. Die Larven der zweiten Generation bohren sich ebenfalls in die Frucht ein und fressen im Fruchtfleisch, sie können oft noch bei der Ernte in den Früchten gefunden werden. Die Raupen überwintern meist im Boden und verpuppen sich dort im Frühjahr. Im nächsten Jahr schlüpfen die Falter und beginnen mit der Eiablage.

Abgefallene Früchte sollten eingesammelt und mit den darin befindlichen Larven vernichtet werden. Die Bekämpfung des Pflaumenwicklers kann auch durch termingerechte Spritzmaßnahmen (siehe Seite 166ff.) zur Flugzeit der Falter erfolgen. Der Flug der beiden Faltergenerationen findet im Juni bzw. im Juli statt und kann mithilfe von Pheromonfallen (Sexuallockstoffe) ermittelt werden. In den letzten Jahren wurden Versuche zur Verwirrung der Falter durch Pheromoneinsatz durchgeführt.

In manchen Jahren kann an Pflaumen, aber auch an Schlehen, eine unnatürliche Verformung der Früchte festgestellt werden. Die Früchte wachsen nicht normal weiter, sondern verformen sich bohnenartig und besitzen keinen Stein. Das Fruchtfleisch ist hart und ungenießbar. Später erscheint auf den befallenen und deformierten Früchten ein grauer Belag, der aus den Sporenträgern des Pilzes *Taphrina pruni*, besteht. Die Krankheit wird als **Narren- oder Taschenkrankheit** bezeichnet. Der Erreger infiziert schon ab Austriebsbeginn.

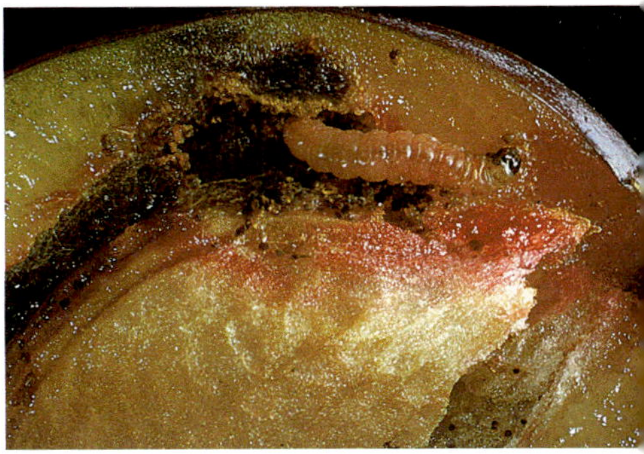

Pflaumenwicklerlarve in einer reifen Frucht.

Deformierte Frucht durch die Narren- oder Taschenkrankheit.

Verkümmerter Kern in einer deformierten Frucht durch die Narren- oder Taschenkrankheit.

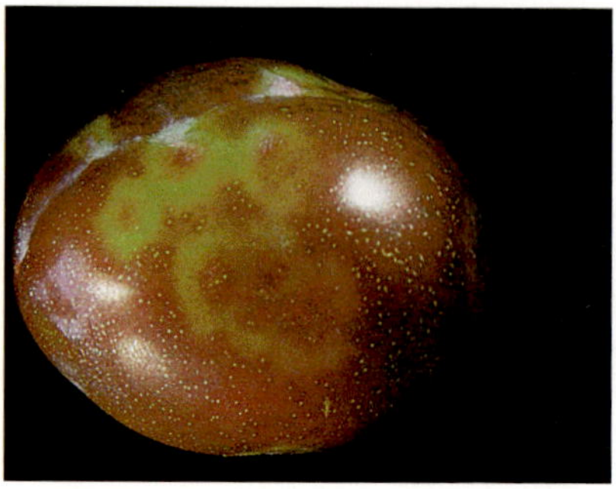

Scharkasymptome auf der Fruchtschale.

Infizierte Früchte fallen meist nicht ab, sie müssen spätestens im Herbst abgepflückt werden, da von ihnen die Neuinfektionen im Frühjahr ausgehen. Spritzmaßnahmen sind nur notwendig, wenn während der Blüte niederschlagsreiche Witterungsbedingungen herrschen. Dann können ein bis zwei Spritzungen mit Fungiziden (siehe Seite 165ff.) oder dem Pflanzenstärkungsmittel Neudo-Vital im Abstand von zwei Wochen durchgeführt werden.

Treten an Früchten zunächst diffuse Zeichnungen auf, die sich später zu Einsenkungen entwickeln, besteht der Verdacht eines Befalls durch das **Scharka-Virus**. Das Fruchtfleisch befallener Früchte ist im Bereich der Einsenkungen zäh und oft dunkel verfärbt. Die Viruskrankheit wird durch Blattläuse übertragen. Neben den Fruchtsymptomen können auf den Blättern verwaschene Ringe oder Flecke auftreten, manche Sorten reagieren auch mit Nekrosen an der Rinde.

Eine direkte Bekämpfung des Virus ist nicht möglich. Inzwischen sind aber einige Sorten bekannt, die zwar vom Virus befallen werden, jedoch keine oder nur schwache Symptome an den Früchten ausbilden. Dazu gehören zum Beispiel 'Katinka' oder 'Elena'.

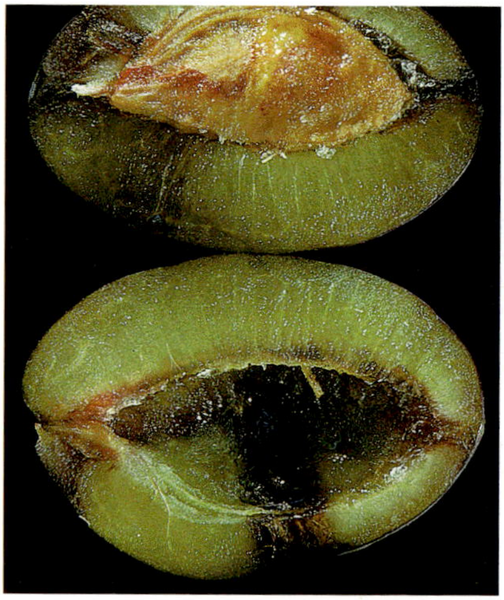

Fruchtfleischverbräunungen durch Scharka.

Auf Pflaumenfrüchten sind häufig auch die Fruchtpolster des **Monilia-Pilzes** (siehe Seite 76) zu finden.

In manchen Jahren verursachen **Wespen** größere Fruchtschäden durch ihren Fraß und nachfolgende Fäule der Früchte.

Pfirsich

Blattschäden

Unnatürlich verformte und teilweise rötlich verfärbte Blätter am Pfirsichbaum werden vom Pilz *Taphrina deformans* verursacht. Die von der **Kräuselkrankheit** befallenen Blätter werden bald abgestoßen. Bei hohem Befallsdruck können auch Früchte deformiert sein.

Der Erreger überwintert an den Knospen und infiziert die jungen Blättchen bereits sehr früh im Jahr beim ersten Lösen der Knospenschuppen.

Ist eine Infektion erst einmal erfolgt, helfen Bekämpfungsmaßnahmen nicht mehr. Die Anfälligkeit für die Kräuselkrankheit ist sortenabhängig unterschiedlich stark. Weniger anfällig sind zum Beispiel die Sorten 'Amsden' oder 'Revita'. Spritzungen wären nur vorbeugend möglich und müssten schon ab dem Lösen der Knospenschuppen – je nach Standort des Pfirsichs kann dies schon Ende Januar der Fall sein – erfolgen. Derzeit sind allerdings keine Fungizide zur Bekämpfung der Kräuselkrankheit ausgewiesen.

Eine Besiedlung der Blätter durch die **Grüne Pfirsichlaus,** *Myzus persicae,* führt zu ähnlichen Blattdeformationen. Die Läuse wandern im Laufe des Sommers auf krautige Pflanzen ab, sodass sich eine Bekämpfung erübrigt.

Durch die Kräuselkrankheit deformierte Pfirsichblätter.

Von der Kräuselkrankheit befallene, absterbende Pfirsichblätter.

Walnuss

Blattschäden

Dunkle Flecken an Walnussblättern werden meist vom **Blattfleckenpilz** *Marssonina juglandis* oder von der **Bakterienkrankheit,** *Pseudomonas juglandis,* verursacht. Beide Erkrankungen führen zunächst zu kleinen dunklen, von den Adern begrenzten Flecken auf den Blät-

Blattnekrosen durch Marssonina an einer Walnuss.

Von Pseudomonas infiziertes Walnussblatt.

Infektionsflecken durch Marssonina an einem Walnussblatt.

Haarfilzgalle auf der Blattunterseite.

tern der Walnussbäume. Später vergrößern sich diese Nekrosen und können zusammenhängende Flächen auf der Blattspreite umfassen. Stark befallene Blätter fallen vorzeitig ab. Eine Infektion durch *Pseudomonas juglandis* unterscheidet sich vom Pilzbefall durch die zunächst wässrig durchscheinenden Flecken. Ist der Pilz *Marssonina juglandis* für die Schäden verantwortlich, können später im Jahr auf der Blattunterseite kleine schwarze Punkte, die Fruchtkörper des Pilzes, gefunden werden. Beide Krankheiten werden durch nasse Sommer gefördert.

Aufgrund der Größe der Bäume sind Spritzungen meist nicht durchführbar. Einzige praktikable Möglichkeit ist daher das Entfernen des Falllaubs im Herbst, um Neuinfektionen im nächsten Frühjahr zu verhindern. Auch bei kleinen Bäumen in den ersten Jahren nach der Pflanzung sind derzeit Spritzungen nicht möglich, da weder zur Bekämpfung der Pilzkrankheit noch der Bakteriose Pflanzenschutzmittel ausgewiesen sind.

Auf der Oberseite von Walnussblättern sind manchmal auffällige, bis 10 mm große blasige Aufwölbungen zu finden. Diesen Deformationen entsprechen auf der Blattunterseite mit Haarfilz bedeckte, kammerartige Strukturen. Diese Blattveränderungen werden durch die Saugtätigkeit einer **Gallmilbe**, *Eriophyes erineum*, verursacht.

Die Blätter leiden kaum unter der Besiedlung, sodass Maßnahmen nicht notwendig sind.

Fruchtschäden

Auf der grünen Schale sind eingesunkene, schwarze Nekrosen zu finden, die sich oft bis in den Kern hinein ausdehnen, die Nuss ist dann nicht mehr zu verwerten. Diese Schäden entstehen durch die Erreger *Pseudomonas juglandis* oder *Marssonina juglandis*, die auch für Blattnekrosen (siehe Seite 79) verantwortlich sind.

Haselnuss

Deformationen der Triebknospen

Treiben die Knospen im Frühjahr nicht oder stark deformiert aus, ist die **Haselnussknospengallmilbe,** *Phytocoptella avellanae,* dafür verantwortlich. Die nur etwa 0,2 mm großen Tiere befinden sich in der Knospe und verhindern durch ihre Saugtätigkeit einen normalen Austrieb. Später wandern sie auf den Trieben und besiedeln die neuen Knospen.

Die verdickten Rundknospen mit den darin befindlichen Gallmilben müssen vor dem Austrieb entfernt werden. Eine direkte Bekämpfung der Milben während ihrer Wanderung ist derzeit mangels ausgewiesener Präparate nicht möglich.

Fruchtschäden

Die Larven des **Haselnussbohrers**, *Curculio nucum*, fressen das Innere

Verdickte Haselnussknospe nach Besiedlung durch Gallmilben.

Einbohrloch des Haselnussbohrers.

Larve des Haselnussbohrers in einer geöffneten Nuss.

der Nuss aus; besiedelte Nüsse fallen meist vorzeitig ab. In manchen Jahren kann nahezu die gesamte Ernte durch diesen Rüsselkäfer vernichtet werden.

Die etwa 7 mm großen erwachsenen Käfer fressen am Laub verschiedener Bäume. Nach der Begattung stechen die Weibchen mit ihrem Rüssel junge, noch weiche Nüsse an und legen ein Ei in die nuss ab. Die weiße Larve mit hellbrauner Kopfkapsel ernährt sich vom Kern, meist siedeln sich sekundär Fäulepilze an. Im Herbst verlassen die ausgewachsenen Larven die am Boden liegenden Nüsse und wandern in das Erdreich ein. Dort verpuppen sie sich im Frühjahr.

Die jungen Nüsse an den Haselnusssträuchern sollten zu einem frühen Zeitpunkt der Nussentwicklung auf die beschriebenen Einstichlöcher untersucht werden. Während der Reife müssen abgefallene Nüsse bald aufgesammelt und vernichtet werden, um eine Entwicklung der darin befindlichen Larven zu verhindern. Der Einsatz von Insektiziden gegen die Käfer ist derzeit mangels ausgewiesener Präparate nicht möglich.

Johannisbeere

Deformationen der Triebknospen

Im Frühjahr ist vor allem an Sträuchern der Schwarzen Johannisbeere häufig zu beobachten, dass die schon im Winter unnatürlich dick angeschwollenen Knospen nicht austreiben. Dieser Schaden wird durch die **Johannisbeerknospengallmilbe**, *Cecidophyopsis ribis*, verursacht.

Die nur 0,2 mm großen Milben leben in den Knospen und schädigen diese durch ihre Saugtätigkeit. Etwa zur Blüte der Johannisbeersträucher verlassen sie die alten Knospen, wandern auf den

Rundknospen an einem Johannisbeerstrauch durch Gallmilben.

Längsschnitt durch eine Rundknospe mit Gallmilben.

Trieben und besiedeln bald die neu gebildeten Knospen.

Die kugelig angeschwollenen Knospen müssen spätestens im Frühjahr ausgebrochen werden. Nach dem Austrieb wandern die Milben auf den Trieben und Blättern und können durch den wiederholten Einsatz von Pflanzenschutzmitteln (siehe Seite 166ff.) bekämpft werden.

Blattschäden

Eine der häufigsten Blattkrankheiten an Schwarzen Johannisbeeren ist der **Johannisbeersäulenrost**, *Cronartium ribicola*. Der Erreger wechselt im Laufe seiner Entwicklung zwischen seinem Hauptwirt Johannisbeere und dem Nebenwirt Kiefer, wo er als **Blasenrost** (siehe Seite 119) auftritt. Befallene Kiefern reagieren mit auffälligen Ast- oder Zweiganschwellungen. Auf der Blattoberseite der Johannisbeere äußert sich der Befall durch gelbbraune Flecken im Blattgewebe. Blattunterseits werden Sporenlager gebildet, die wie kleine, braunorange gefärbte Säulen aussehen. Stark befallene Blätter fallen vorzeitig ab. Gegen Jahresende werden auf der Blattunterseite Sporen gebildet, die wieder die Kiefer infizieren können.

Befinden sich anfällige Kiefern und Johannisbeersträucher in enger räumlicher Nähe, ist mit regelmäßigen Infektionen zu rechnen. Da der Erreger zu seiner vollständigen Entwicklung auf beide Wirtspflanzenarten zwingend angewiesen ist, kann durch Entfernen einer Wirtspflanze der Kreislauf unterbrochen werden. Allerdings können Pilzsporen über Entfernungen von mehreren hundert Metern verfrachtet werden. Fungizidspritzungen zum Schutz der Blätter vor Infektionen sind derzeit mangels ausgewiesener Präparate nicht möglich.

Chlorosen am Johannisbeerblatt, hervorgerufen durch Säulenrost.

Sporenlager des Säulenrostes auf der Blattunterseite.

Stachelbeere

Beläge auf Blättern, Trieben und Früchten

Der **Amerikanische Stachelbeermehltau**, *Sphaerotheca mors-uvae*, ist der bedeutendste Schaderreger an Stachelbeeren. Der Mehltaupilz schädigt nicht nur die Blätter, sondern auch die Triebe und die Früchte. Auf befallenen Organen sind die charakteristischen weißen Beläge zu erkennen, die später eine schmutzig-braune Farbe annehmen.

Vom Amerikanischen Stachelbeermehltau befallene Früchte.

Rutenkrankheit an Himbeeren.

Befallene Blätter sind deformiert, befallene Triebe sind in ihrem Längenwachstum gehemmt oder sterben ab. Der Pilz überwintert in den Knospen der Triebspitzen.

Die Anpflanzung widerstandsfähiger Sorten kann das Mehltauproblem schon im Vorfeld entschärfen. Unter den grünfruchtigen Sorten sind zum Beispiel 'Invicta', 'Reflamba' und 'Rixanta' recht widerstandsfähig, die rotfruchtigen Sorten 'Remarka', 'Rokula' und 'Rolanda' werden in geringem Maße vom Mehltaupilz befallen. Durch den alljährlichen Spitzenschnitt im Winter kann der dort überdauernde Erreger weitgehend aus dem Bestand entfernt werden. Sind anfällige Sorten im Garten vorhanden, können in schwül-warmen Sommern ab Erscheinen der ersten Symptome Fungizidspritzungen (siehe Seite 165ff.) im Abstand von ein bis zwei Wochen notwendig werden.

Himbeere

Absterben von Trieben

Bläuliche bis graue Flecken an den jungen Ruten besonders im Bereich der Knospen sind ein Hinweis auf einen Befall durch die **Rutenkrankheit**. Die Schäden werden durch mehrere Pilze verursacht, meist sind *Didymella applanata* und *Leptosphaeria coniothyrium* nachzuweisen. Im ersten Jahr ist der betroffenen Rute neben der Verfärbung noch keine Schädigung anzusehen. Erst im zweiten Jahr, also wenn die Rute Ertrag bringen sollte, stirbt sie ab oder ist zumindest so stark geschwächt, dass sie nur einen geringen Ertrag bringt. Später können auf den Rindenflecken schwarze Pusteln festgestellt werden.

Die Infektion erfolgt im Jahr des Rutenwachstums über kleine Verletzungen oder die Knospen. Tritt die **Himbeer-**

Starker Phytophthora-Befall in einer Himbeeranlage.

rutengallmücke, *Thomasiniana theobaldi*, auf, ist mit besonders starkem Befall durch die Rutenkrankheit zu rechnen. Die Larven dieser Gallmücke fressen im Rindengewebe und verursachen dadurch Verletzungen, die den Pilzen als Eintrittspforten dienen können.

[!] Auf leichten Böden mit ausgeglichener Bodenfeuchte tritt dieser Krankheitskomplex deutlich seltener auf. Durch Mulchen in der Himbeeranlage kann eine ausgeglichene Bodenfeuchte gefördert werden. Gleichzeitig unterdrückt die Mulchschicht den Unkrautwuchs, dadurch kann die Rutenbasis schneller abtrocknen. Außerdem erübrigt sich so das Hacken in der Kultur, die Gefahr mechanischer Verletzungen der Ruten sinkt. Die Pflanzen sollten schon im Juni soweit ausgelichtet werden, dass nur noch die tatsächlich für das Folgejahr benötigten Tragruten stehenbleiben. Als weniger anfällig für die Rutenkrankheit gelten zum Beispiel die Sorten 'Rutrago' und 'Rumiloba'. Spritz-

Die Larve des Himbeerkäfers in der Frucht.

maßnahmen gegen diese Krankheit sind nicht praktikabel.

Das durch den Pilz *Phytophthora* sp. verursachte **Wurzelsterben** der Himbeere hat schon in manchen Gärten dazu geführt, dass der Himbeeranbau aufgegeben wurde. Der Erreger befällt die Wurzeln und zerstört sie vollständig, die Pflanze stirbt ab. Besonders problematisch ist die Tatsache, dass der Erreger im Boden langlebige Sporenformen ausbildet, sodass nach der Rodung abgestorbener Pflanzen ein Nachbau nur eingeschränkt möglich ist.

Befallene Pflanzen müssen sofort gerodet und vernichtet werden. Die Ersatzpflanzung muss auf einem Boden erfolgen, der in den letzten Jahren nicht mit Himbeeren bewachsen war. Es sind auch sortenspezifische Unterschiede bezüglich der Anfälligkeit bekannt. So gilt zum Beispiel die bewährte Sorte 'Schönemann' als hochanfällig, die Sorten 'Meeker', 'Rubaca' und 'Rutrago' als widerstandsfähig. Es hat sich aber auch gezeigt, dass Sorten, die zunächst als widerstandsfähig eingestuft wurden, inzwischen auch stark unter der Krankheit leiden (zum Beispiel 'Autumn Bliss'). Besonders förderlich für eine Infektion sind schwere, nasse und kühle Böden. Direkte Pflanzenschutzmaßnahmen gegen den Erreger sind im Hausgarten nicht durchführbar.

Fruchtschäden

In den Früchten können manchmal die bis 6 mm großen Larven des **Himbeerkäfers,** *Byturus tomentosus*, gefunden werden. Sie fressen das Fruchtfleisch und verpuppen sich später am Boden oder an den Trieben. Die etwa 4 mm großen Käfer fressen in den Blüten und legen ihre Eier an die sich entwickelnden Früchte.

Durch das vollständige Ernten der reifen Früchte kann der Besatz langfristig reduziert werden. Der Einsatz von Insektiziden gegen die Käfer ist derzeit mangels ausgewiesener Präparate nicht möglich.

Die weichen Himbeerfrüchte werden bei feuchter Witterung oft vom **Grauschimmelpilz** (siehe Seite 31) befallen.

Brombeere

Absterben der Ruten

Brombeerruten können von pilzlichen **Rutenkrankheiten** befallen werden. Der im Frühjahr infizierende Pilz *Rhabdospora ramealis* und der im Hochsommer infizierende Pilz Gnomonia *rubi* werden recht häufig nachgewiesen. Auf den Ranken sind dunkle Flecken zu finden, bei Umgürtung der Ranke stirbt sie ab. Meist sind Verletzungen und Schnittwunden die Eintrittspforte für diese Erreger.

Bekämpfungsmaßnahmen mit Fungiziden sind aufgrund des langen Infektionszeitraums kaum möglich. Befallene Ranken müssen entfernt wer-

Ungleichmäßige Fruchtfärbung an Brombeeren durch Gallmilben.

den, Seitentriebe mit Symptomen müssen zurückgeschnitten werden, damit der Erreger nicht in den Haupttrieb einwandern kann.

Fruchtschäden

Einzelne Beeren der Sammelfrucht färben sich nicht schwarz, sondern bleiben rot, hart und geschmacklos. Oft sind zwar nur wenige Beeren je Sammelfrucht betroffen, die Ernte kann aber zu großen Teilen entwertet werden. Der Schaden wird durch die nur etwa 0,1 mm großen **Brombeergallmilben**, *Acalitus essigi*, verursacht, die an den Früchten saugen.

Die Tiere überwintern in den Knospen und besiedeln im nächsten Frühjahr die frischen Blätter und Blüten.

Ist in den Vorjahren verstärkt Befall aufgetreten, sollten im Frühjahr, wenn die neuen Triebe etwa 10 cm lang sind, mehrere Spritzungen mit einem gegen Gallmilben wirksamen Pflanzenschutzmittel (siehe Seite 166ff.) durchgeführt werden. Kurz vor der Blüte ist meist noch eine abschließende Behandlung notwendig.

Erdbeere

Absterben ganzer Pflanzen

Erdbeeren werden von verschiedenen Pilzen befallen, die zum Absterben der gesamten Pflanze führen können. Die Erreger zerstören die Wurzeln oder befallen die Leitungsbahnen. Eine Infektion durch die **Rote Wurzelfäule**, *Phytophthora fragariae*, können die Pflanzen einige Zeit überleben. Befallene Pflanzen kümmern und welken in Trockenphasen. Steht wieder ausreichend Wasser zur Verfügung, erholen sie sich wieder. Der Erreger zerstört zunächst nur die Seitenwurzeln, die Hauptwurzel bleibt noch einige Zeit intakt. Der verwandte Erreger *Phytophthora cactorum*

Abgeknickte Erdbeerknospe nach dem Blütenstecherbesuch.

Grauschimmelbefall an einer Erdbeere.

führt zu einer **Fäule im Wurzelhalsbereich**, betroffene Pflanzen sterben ab. Schlagartiges Abwelken und Absterben der Pflanzen wird meist von dem in den Leitungsbahnen wachsenden **Welkepilz** *Verticillium albo-atrum* verursacht.

Wird der Befall frühzeitig erkannt, können die Pilze der Gattung *Phytophthora* durch Spritzungen mit Fungiziden (siehe Seite 165ff.) bekämpft werden. Gegen den *Verticillium*-Pilz können keine Pflanzenschutzmaßnahmen für den Hausgarten empfohlen werden. Die Optimierung der Standort- und Wachstumsbedingungen reduziert die Anfälligkeit der Pflanzen. Entscheidenden Einfluss hat der Boden, der keinesfalls Staunässe aufweisen darf. Befallene Pflanzen sind zu vernichten, auf verseuchten Flächen ist ein weiterer Erdbeeranbau nicht möglich. Außerdem sollte beim Kauf auf anerkanntes Pflanzgut geachtet werden. Inzwischen sind auch Sorten bekannt, die widerstandsfähiger gegen diese Krankheiten sind. Dazu gehören zum Beispiel 'Darrow', 'Earliglow' und 'Saladin'.

Erdbeeren können von **Wurzelnematoden** (siehe Seite 32f.) besiedelt werden. Die Wurzeln sterben ab, die Pflanzen welken.

Blattschäden

In warmen, trockenen Jahren können Erdbeeren unter massivem **Spinnmilbenbesatz** (siehe Seite 37f.) leiden. Die Blätter verfärben sich fahlgrün und sterben ab.

Blütenschäden

Schon vor dem Öffnen der Blütenknospen hängen diese herab und vertrocknen. Das Weibchen des etwa 3 mm großen **Erdbeerblütenstechers**, *Anthonomus rubi*, nagt den Blütenstiel etwa zur Hälfte an und legt in die Blütenknospe ein Ei ab. Die Larve entwickelt sich dann in der welkenden und meist abfallenden Blütenknospe und verpuppt sich dort. Im Sommer treten die Jungkäfer auf, die am Laub fressen. Der Käfer legt seine Eier auch in die Blütenknospen von Himbeeren, Brombeeren und Rosen.

Werden angenagte Blütenstiele gefunden, sollten die Knospen entfernt und vernichtet werden. Tritt der Schädling erfahrungsgemäß stark auf, können vor der Blüte wiederholt Insektizide (siehe Seite 166ff.) eingesetzt werden.

Fruchtschäden

Häufig werden die Erdbeerfrüchte vom **Grauschimmelpilz**, *Botrytis cinerea*, (siehe Seite 31) befallen. Besonders große Schäden entstehen bei sehr feuchter Witterung zur Reifezeit und an Früchten, die durch Schnecken verletzt wurden.

Das Unterlegen von Stroh hält die Früchte trockener. Manche Sorten wie zum Beispiel 'Florika' bilden ihre Früchte auf kräftigen, über dem Laub stehenden Stielen aus; die Früchte können dadurch besser abtrocknen und sind weniger gefährdet. Der Grauschimmelpilz kann auch durch den wiederholten Einsatz von Fungiziden (siehe Seite 165ff.) bekämpft werden.

Eine weitere gelegentlich auftretende Pilzkrankheit an den Früchten ist die **Lederbeerenfäule,** die durch den Pilz *Phytophthora cactorum* verursacht wird. Dabei sehen die Früchte fahl aus und werden später braun, es ist aber kein Schimmelrasen auf deren Oberfläche zu erkennen.

Zur Reduzierung des Befalls empfiehlt sich das Einsammeln und Vernichten befallener Früchte. Maßnahmen gegen den Grauschimmelpilz reduzieren auch den Befall durch die Lederbeerenfäule.

Gemüse

Radies und Rettich

Blattschäden

Schon kurz nach dem Auflaufen der Saat sind an den Keimblättern kleine Fraßgrübchen zu finden. Verursacher sind nur etwa 2 mm große, meist dunkel gefärbte Käfer der Gattung *Phyllotreta*. Sie werden als **Erdflöhe** bezeichnet, da sie ein ausgeprägtes Sprungvermögen besitzen. Später fressen sie auch an den Laubblättern und verursachen dort kleine Löcher. Die Larven der meisten Erdfloharten fressen an den Wurzeln, die Pflanzen leiden aber kaum darunter. Es entwickelt sich nur eine Generation im Jahr, die Käfer überwintern im Boden.

Erdflöhe treten besonders auf schweren, schnell verkrustenden Böden und bei trockener Witterung auf. Durch entsprechende Kulturmaßnahmen zur Verhinderung solcher Bedingungen wie regelmäßiges Hacken, Mulchen und Wässern kann das Auftreten dieses Schädlings verringert werden. Kulturschutznetze hindern die Käfer an der Neubesiedlung der Beete. Direkte Bekämpfungsmaßnahmen sind meist nicht notwendig und sind derzeit mangels ausgewiesener Präparate auch nicht möglich.

Erdflohschaden an Radieskeimlingen.

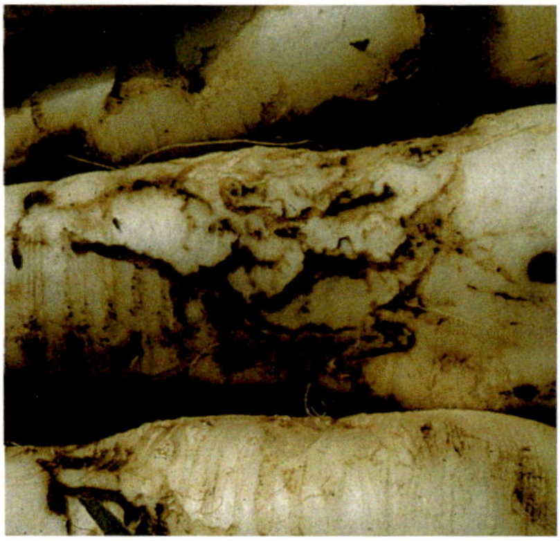

Fraßgänge durch Kohlfliegenmaden in Rettich.

Wurzelschäden

Die in den Radies und Rettichen fressenden, gelblichweißen, bis 9 mm großen Maden sind die Larven der **Kleinen Kohlfliege**, *Phorbia brassicae*. Die erwachsenen, etwa 6 mm großen, stubenfliegenähnlichen Tiere legen ihre Eier an die Basis der jungen Pflänzchen oder in den Boden. Die Larven bohren sich in die sich verdickende Wurzel ein und fressen einen Gang im Gewebe, der durch den Kot der Larven und sekundäre Fäuleerreger verbräunt.

Die Kleine Kohlfliege entwickelt bis zu drei Generationen im Jahr, sodass praktisch alle Kultursätze gefährdet sind. Die Eiablage der ersten Generation findet etwa Ende April zur Blütezeit der Rosskastanien statt. Die letzte Generation überwintert als Puppe im Boden.

Kulturschutznetze können die Beete vor einer Besiedlung durch die Kohlfliege schützen. Diese engmaschigen Netze werden direkt nach der Saat auf die Beete gelegt und verhindern so den Zuflug der Fliegen. Wichtig ist dabei, dass die Ränder ringsum eingegraben werden, da die Kohlfliegen sonst über Lücken in der Befestigung unter das Netz gelangen können. Um zu verhindern, dass die aus den im Boden überdauernden Puppen schlüpfenden Fliegen unter das Netz gelangen, müssen die Anbauflächen nach jedem Satz gewechselt werden. Während der Eiablage können auch Insektizide (siehe Seite 166ff.) gegen die Kohlfliege eingesetzt werden.

Kulturschutznetz, wie es auch zur Abwehr von Kohlfliegen eingesetzt werden kann.

Möhre

Wurzelschäden

Wie bei den Radies und den Rettichen treten auch in Möhren hin und wieder Maden auf. Am häufigsten sind die weißen, bis 8 mm großen Maden der **Möhrenfliege**, *Psila rosae*, zu finden. Die Fraßgänge der Maden befinden sich vor allem in der unteren Hälfte der Möhre im äußeren Bereich; sie sind meist nach außen offen.

Die Möhrenfliege tritt in zwei Generationen Mitte Mai und Mitte August auf. Die schlanken, etwa 5 mm großen Fliegen legen ihre Eier in den Boden in unmittelbarer Nähe der Möhrenpflanzen. Die daraus schlüpfenden Larven bohren sich in der unteren Hälfte der Möhre ein und befressen das Gewebe. Die Verpuppung erfolgt im Boden, die Puppen der zweiten Generation überwintern dort.

Sind die Fraßgänge mehr im oberen Teil der Möhre zu finden und dringen

Ein Fraßschaden durch Möhrenfliegenmaden.

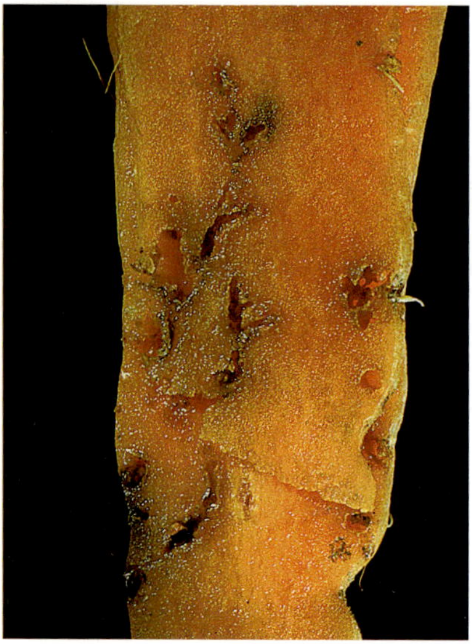

Schnitt durch eine befressene Möhre.

diese tiefer in die Möhre ein, so handelt es sich um Schäden durch die Maden der **Möhrenminierfliege**, *Agromyza carotae*. Erkennbar ist die Besiedlung auch an den Miniergängen im Laub. Durch den Fraß der Maden beider Arten in den Möhren sind diese oft deformiert oder eingeschnürt. Über die Verletzungen dringen sekundäre Fäuleerreger ein, die besonders an eingelagerten Möhren große Schäden anrichten können.

Die Möhrenminierfliege kann ebenfalls in zwei Generationen etwa zum gleichen Zeitpunkt wie die Möhrenfliege auftreten. Sie legt ihre Eier an die Blätter der Möhren, die daraus schlüpfenden Larven fressen sich durch Blatt und Blattstiel bis in die Möhre durch. Die Larven der zweiten Generation dringen meist nicht in den Möhrenkörper vor.

Die geeignetste Bekämpfungsmethode im Hausgarten ist der Einsatz von Kulturschutznetzen (siehe Seite 93). Während der Eiablage können auch Insektizide (siehe Seite 166ff.) eingesetzt werden.

Spinat

Blattschäden

Die in den Blättern verlaufenden Fraßgänge werden von den Larven der **Rübenfliege**, *Pegomyia hyoscyami*, verursacht. Die aus der überwinternden Puppe geschlüpfte, etwa 5 mm große Fliege legt ihre Eier an die Blattunterseite. Die gelblichen Larven dringen in das Blatt ein und verursachen die auffälligen, geschlängelten Minen. Nach etwa zwei Wochen verlassen die dann etwa 9 mm großen Maden das Laub und verpuppen sich im Boden. Es können drei bis vier Generationen im Jahr auftreten.

Die Population kann durch Abpflücken befallener Blätter reduziert werden. Der Einsatz von Insektiziden lohnt im Hausgarten kaum.

In feuchten Jahren wird Spinat regelmäßig vom **Falschen Mehltau**, *Peronospora farinosa*, befallen. Typische

Schadbild der Rübenfliege an Spinat.

Falscher Mehltau an Spinat.

Absterbende Salatköpfe durch Sclerotinia-Befall.

Symptome sind Aufhellungen blattoberseits, denen auf den Blattunterseiten Bereiche mit graubraunem Konidienträgerrasen entsprechen.

Es sollte nur Saatgut von widerstandsfähigen Sorten wie zum Beispiel 'Tetona' verwendet werden. Derzeit sind keine Fungizide zur Bekämpfung des Falschen Mehltaus an Spinat ausgewiesen.

Gekräuselte und gelbgefleckte Blätter können von **Viren** (siehe Seite 14ff.) verursacht werden.

Salat

Kümmern und Absterben ganzer Pflanzen

Im Beet sterben zunächst Einzelpflanzen ab, der Befall breitet sich aber meist sehr schnell über den gesamten Bestand aus. Die Salatköpfe brechen regelrecht zusammen und sind von einem grauen Schimmelbelag überzogen. Verursacher ist der **Grauschimmelpilz**, *Botrytis cinerea* oder *Sclerotinia*-Arten. Bei *Sclerotinia*-Befall sind später an der Basis der Salatpflanzen die charakteristischen harten, kugeligen Dauerorgane des Pilzes zu finden, mit deren Hilfe der Erreger jahrelang im Boden überdauern kann. Beide Fäulen werden durch feuchte Witterung und zu tiefen Stand der Salatpflanzen gefördert.

Die Setzlinge sollten recht hoch gepflanzt werden, sodass der Ballen über die Erdoberfläche heraussteht. Gießen in den Morgenstunden ermöglicht ein Abtrocknen der Pflanzen bis zum Abend und verringert so die Infektionsgefahr. Jegliche Verletzung des Pflanzengewebes erleichtert vor allem dem Grauschimmelpilz das Eindringen in die Pflanze. Mulchfolien können den Befall durch Salatfäulen verringern. Fungizidspritzungen gegen die genannten Erreger sind derzeit mangels ausgewiesener Präparate nicht möglich.

Blattschäden

Ein Befall durch den **Falschen Mehltau**, *Bremia lactucae*, äußert sich durch Aufhellungen auf der Blattoberseite, die sich später braun verfärben. Bei hoher Luftfeuchte bildet sich blattunterseits ein weißgrauer Konidienträgerrasen.

Falscher Mehltau an Kopfsalat.

Konidienträger des Falschen Mehltaus auf der Blattunterseite.

Beste Vorbeugung gegen einen Befall ist der Anbau widerstandsfähiger Kopfsalatsorten wie zum Beispiel 'Marion' oder 'Milan'. Um den Salatköpfen ein Abtrocknen bis zum Abend zu ermöglichen, sollte morgens gegossen werden. Bei anfälligen Sorten kann in Befallsjahren eine Bekämpfung durch den wiederholten Einsatz von Fungiziden (siehe Seite 165ff.) notwendig werden.

Kopfsalatblätter zeigen im Sommer manchmal auffällige Scheckungen. Die Pflanzen bleiben kleiner, ihre Blätter können auch stark gekräuselt sein. Solche Symptome werden von **Viren** (siehe Seite 14ff.) verursacht.

Saatgut virustoleranter Sorten wie 'Marion' oder 'Milan' ist im Handel erhältlich und sollte bevorzugt werden. Die Viruskrankheiten werden vor allem durch Blattläuse übertragen, sodass Maßnahmen gegen diesen Überträger indirekt die Gefahr einer Viruserkrankung reduzieren.

Manchmal sind die Blätter von geschlängelten Fraßgängen durchzogen, die von **Minierfliegenlarven**, *Agromyzidae*, verursacht werden. Verschiedene Arten der meist etwa 2 mm großen Fliegen legen ihre Eier an den Blättern ab. Die Larven dringen in das Blattgewebe ein und legen dort einen charakteristischen Fraßgang an. Sie fressen meist nur etwa eine Woche und verpuppen sich dann im Boden.

In einem Jahr können sich zwei bis drei Generationen entwickeln. Im Hausgarten genügt das Entfernen der besiedelten Blätter. Wenn im Vorjahr viele solcher Minen beobachtet wurden, sollte die Anbaufläche gewechselt werden, da die Neubesiedlung von den im Boden überwinternden Puppen ausgeht.

Blattläuse (siehe Seite 39ff.) sind praktisch in jeder Salatkultur vorhanden.

Braun- und rotlaubige Sorten wie zum Beispiel 'Barbarossa' oder 'Pirat' werden deutlich weniger besiedelt als hellgrüne Sorten. Eine Blattlausbekämpfung ist mit Insektiziden (siehe Seite 166ff.) möglich. Spritzungen sind jedoch nur bis zur Kopfbildung sinnvoll, da die Tiere später kaum mehr erfasst werden können bzw. sehr hohe Rückstände auftreten.

Kohlgemüse

Kümmern und Absterben ganzer Pflanzen

Die wohl bekannteste Krankheit der Kohlarten ist die **Kohlhernie** oder **Kropfkrankheit**, die durch den Pilz *Plasmodiophora brassicae* verursacht wird. An der Basis der befallenen Pflanzen werden Wucherungen ausgebildet, die die Versorgung der Pflanze stören. Befallene Pflanzen kümmern, bei trockener Witterung welken sie. Die Wucherungen sind mit Gewebe gefüllt, was eine Unterscheidung zu den ähnlichen, von den Larven des Kohlgallenrüsslers, *Ceutorhynchus pleurostigma*, verursachten Gallen ermöglicht. Der Erreger der Kohlhernie kann viele Jahre im Boden überdauern.

Setzlinge müssen auf die oben beschriebenen Symptome kontrolliert und dürfen bei Befall nicht gepflanzt werden. Sehr feuchte Böden, unzureichend zersetzter Kompost und frischer Mist fördern den Erreger. Bei tiefen pH-Werten des Bodens kann sich der Erreger besonders gut entwickeln. Durch entsprechende Kalkdüngung kann der pH-Wert auf verträglichere Werte angehoben werden. Die erforderliche Kalkmenge ist von der Bodenart abhängig und muss durch eine Bodenuntersuchung bestimmt werden. Um eine Verseuchung des Bodens zu verhindern, müssen erkrankte Pflanzen vom Beet entfernt und vernichtet werden, bevor die Strünke im Boden zerfallen. Grundsätzlich sollten Kohlarten höchstens alle fünf Jahre auf der gleichen Fläche angebaut werden. Die Krankheit kann *alle* Kreuzblütler befallen. So werden zum Beispiel auch Unkräuter wie Hirtentäschelkraut oder Gründüngungspflanzen wie Gelbsenf befallen, die in der Anbaupause nicht auf dem ehemaligen Kohlbeet wachsen dürfen! Wird Befall an Kohlpflanzen während der Kopfbildung festgestellt, können die Pflanzen durch Anhäufeln zur Bildung von Adventivwurzeln oberhalb der Wucherung angeregt werden, wodurch der Kohl noch zur Reife gelangen kann.

Kohlhernie an Chinakohl.

Jungpflanzen können unter einer Besiedlung durch die Maden der **Kohlfliege** (siehe Seite 92f.) leiden, sie welken und können auch absterben. Bei Kohlrabi können die Maden auch in die Knolle eindringen und diese entwerten.

Blattschäden

Fraßschäden an Kohlblättern können durch verschiedene **Schmet-**

Fraßschaden durch Kohlmotte an einem Weißkohl.

Kolonie der Mehligen Kohlblattlaus an Kohlrabi.

Kohlfliegenmade.

terlingsraupen, *Lepidoptera*, verursacht, werden. Neben **Weißlingsarten**, *Pieris* sp., die einen umfangreichen Lochfraß verursachen, tritt auch hin und wieder die zunächst minierende, später den charakteristischen Fensterfraß durchführende Raupe der **Kohlmotte**, *Plutella xylostella*, auf. Die Schmetterlinge legen ihre Eier einzeln oder in größeren Gelegen an die Blattunterseite. Die Kohlmotte entwickelt zwei bis drei Generationen im Jahr.

[!] Kohlpflanzen müssen regelmäßig auf eine Besiedlung durch Raupen kontrolliert werden. Im Hausgarten kann ein Besatz durch Absammeln der Raupen ausreichend reduziert werden. Auf den Einsatz von Insektiziden (siehe Seite 166ff.) kann meist verzichtet werden.

Kohlarten werden regelmäßig von **Blattläusen** (siehe Seite 39ff.) und **Mottenschildläusen** (siehe Seite 42f.) besiedelt.

Erdflöhe (siehe Seite 92) sind für kleine Löcher in den Blättern verantwortlich.

Schadbild durch die Lauchmotte.

Mine der Lauchmotte.

Lauch

Blattschäden

Manchmal können entlang der Blattadern verlaufende Fraßgänge der Larve der **Lauchmotte**, *Acrolepia assectella*, gefunden werden. Meist entwickeln sich zwei Generationen im Jahr, die im Juni bis Juli beziehungsweise August bis September schädigen. Die gelblichweißen, bis 13 mm großen Raupen verursachen zunächst einen Schabefraß an den Blättern, später dringen sie in das Blattgewebe ein und verursachen dort die charakteristischen Fraßgänge. An den Fraßstellen siedeln sich häufig sekundäre Fäuleerreger an, die die Pflanzen zum Absterben bringen können.

Wird der Anbau unter Kulturschutznetzen (siehe Seite 93) durchgeführt, ist ein Befall praktisch ausgeschlossen. Sind nur wenige Blätter besiedelt, können die Räupchen in den Minen zerdrückt werden. Insektizide (siehe Seite 166ff.) können zur Flugzeit der Falter eingesetzt werden.

Lauchmotte.

An Lauch, aber auch an Schnittlauch, kann der **Rostpilz**, *Puccinia* sp., größere Schäden verursachen. An den

Rostpusteln an Lauch.

Blättern sind charakteristische gelborange Rostpusteln zu finden, die aus schlitzförmigen Öffnungen hervorbrechen.

Der Einsatz von Fungiziden zur Bekämpfung des Rostpilzes an Lauch ist derzeit mangels ausgewiesener Präparate nicht möglich.

An Lauchblättern sind häufig silbrige Saugstellen durch **Thripse** (siehe Seite 45f.) zu finden.

Zwiebel

Absterben ganzer Pflanzen

Für das Vergilben des Laubs und Fäulnis am Blattgrund können die etwa 8 mm großen Maden der stubenfliegenähnlichen **Zwiebelfliege,** *Phorbia antiqua*, verantwortlich sein. Die Maden können zwischen den Zwiebelschuppen gefunden werden. Die erste Fliegenge-

Durch die Zwiebelfliege absterbendes Zwiebellaub.

neration schlüpft etwa Anfang Mai aus den im Boden überwinternden Puppen. Im Laufe eines Jahres können sich bis zu drei Generationen entwickeln.

Unter Kulturschutznetzen (siehe Seite 93) tritt der Schädling kaum auf. Allerdings ist zu beachten, dass die Puppen der letzten Generation im Boden überwintern und die erwachsenen Fliegen Anfang Mai aus diesen Puppen schlüpfen. Dadurch können sie unter die Netze gelangen. Der Schädling kann auch durch den Einsatz von Insektiziden (siehe Seite 166ff.) während der Flugzeiten der Fliegen bekämpft werden.

Blattschäden

Der **Falsche Mehltau**, *Peronospora destructor*, verursacht fahle Flecken an den Blättern, bei feuchter Witterung ist ein feiner, violettgrauer Konidienträgerrasen zu finden. Das Laub kann nahezu vollständig absterben, der Zwiebelertrag ist deutlich reduziert.

Gegen den Falschen Mehltau an Zwiebeln sind derzeit keine Fungizide ausgewiesen.

Tomate

Kümmern und Absterben ganzer Pflanzen

In niederschlagsreichen Jahren können ganze Bestände durch den **Braunfäulepilz**, *Phytophthora infestans*, vernichtet werden. Am Trieb sind dunkle Flecken zu erkennen, die sich auf die Blätter ausdehnen. Diese sterben ab, bei triebumfassendem Befall an der Basis der Tomatenpflanze stirbt die gesamte Pflanze. Auch die Früchte können befallen werden.

Maden der Zwiebelfliege.

Phytophthora-Infektion an einem Tomatentrieb.

Blattflecken an einer Tomate durch Alternaria.

Lang andauernde Blattnässe begünstigt Infektionen durch den Pilz. Deshalb darf das Laub beim Gießen nicht benetzt werden. In nassen Jahren hilft der Bau eines kleinen Daches über der Tomatenreihe. Die im Handel erhältlichen Tomatenhauben sind allerdings für diesen Zweck nicht geeignet, da unter der Kunststoffhülle eine zu hohe Luftfeuchtigkeit entsteht. Vorbeugende Behandlungen sind mit Fungiziden (siehe Seite 165ff.) möglich, die in feuchten Witterungsperioden mehrmals im Abstand von etwa einer Woche gespritzt werden müssen. Da der Befall meist von Kartoffelbeständen ausgeht, sollten Tomaten nie direkt neben Kartoffeln angebaut werden. Die Sorten 'Diplom', 'Fleischmaster', 'Martina' und 'Vanessa' haben sich in Jahren mit hohem Befallsdruck als recht widerstandsfähig erwiesen.

Tomaten können auch von **Welkeerregern** der Gattungen *Fusarium* und *Verticillium* befallen werden, die zum Absterben der Pflanzen führen.

Da hier keine chemischen Bekämpfungsmaßnahmen möglich sind, müssen Sorten gewählt werden, die gegen die Erreger widerstandsfähig sind. Dies sind zum Beispiel 'Diplom', 'Ranger' oder 'Vanessa'.

Blattschäden

In feucht-warmen Sommern verursacht der Pilz *Alternaria solani* große Schäden: er bildet graubraune Flecken an Tomatenblättern. Ein Befall durch die **Dürrfleckenkrankheit** beginnt meist an den untersten Laubblättern, die bei starkem Befall absterben. Die Dürrfleckenkrankheit befällt auch Kartoffeln und kann von dort die Tomaten infizieren. Der Pilz überdauert im Boden oder an Tomatenpfählen.

Sobald erste Laubsymptome festgestellt werden, müssen die befallenen Blätter entfernt werden. Es können auch Fungizide (siehe Seite 165ff.) in etwa zweiwöchigem Rhythmus zur Bekämpfung eingesetzt werden.

Tomatenblätter werden häufig von **Weißen Fliegen** (siehe Seite 42f.) und **Spinnmilben** (siehe Seite 37f.) besiedelt.

Fruchtschäden

An den Tomatenfrüchten können Schäden durch die **Braunfäule**, *Phytophthora infestans*, verursacht werden. Die braunen Flecken sind etwas ein-

Regendach zur Vorbeugung von Phytophthora-Infektionen.

Echter Mehltau an Zucchiniblatt.

gesunken, die Verbräunung reicht tief in das Fruchtfleisch.

Vorbeugende und bekämpfende Maßnahmen siehe Seite 102.

Braune Flecken können auch durch den Pilz *Alternaria solani* (siehe Seite 102) verursacht werden.

Gurke und Zucchini

Absterben ganzer Pflanzen

Vor allem Gurken können von verschiedenen **Pilzkrankheiten** befallen werden, die Wurzeln, Wurzelhals oder Leitungsbahnen zerstören.

Alle Erreger können im Hausgarten nicht direkt bekämpft werden, sodass der Vorbeugung große Bedeutung zukommt. Da die Pilze im Boden überdauern können, müssen die Anbauflächen regelmäßig gewechselt werden. Werden die Gurken auf den Feigenblattkürbis, *Cucurbita ficifolia*, veredelt, können sie auch auf mäßig verseuchten Flächen noch angebaut werden.

Blattschäden

Die **Echten Mehltaupilze**, *Erysiphe cichoracearum* und *Sphaerotheca fuliginea*, verursachen zunächst weiße Punkte, die sich später zu Flächen

Falscher Mehltau an Gurkenlaub.

deckenden weißen Belägen auf der Blattoberseite von Gurken und Zucchini ausdehnen. Der Erreger kann sich in trocken-warmen Witterungsphasen besonders gut ausbreiten. Bei starkem Befall sterben die Blätter ab, was zu spürbaren Ertragseinbußen führt. Selten werden auch die Früchte befallen.

Durch die Auswahl widerstandsfähiger Sorten wie zum Beispiel die Freilandgurke 'Burpless Tasty Green', die Hausgurken 'Bella', 'Euphya' oder 'Paska' und die Einlegegurken 'Colet' oder 'Stimora' kann der Befall deutlich reduziert werden. Tritt der Erreger dennoch auf, können Fungizide (siehe Seite 165ff.) in kurzen zeitlichen Abständen eingesetzt werden, die teilweise auch gegen andere Blattfleckenkrankheiten an Gurken wirksam sind.

In feuchten Jahren oder bei regelmäßiger Taubildung durch große Temperaturunterschiede zwischen Tag und Nacht kann der **Falsche Mehltau**, *Pseudoperonospora cubensis*, große Schäden an Gurken und Zucchini anrichten. Ein Befall äußert sich blattoberseits durch gelbe, von den Blattadern begrenzte Gewebeverfärbungen. Bei hoher Luftfeuchte ist in diesen Bereichen auf der Blattunterseite ein graubrauner Belag zu finden, der aus den Konidienträgern des Pilzes besteht. Befallene Blätter sterben ab, der Ertrag wird gemindert. Die Krankheit kann in sehr kurzer Zeit den gesamten Bestand befallen.

Tolerante Freilandgurken sind zum Beispiel 'Jazzer' und 'Marketmore 76', unter den Hausgurkensorten werden zum Beispiel 'Bella' und 'Euphya' kaum befallen. Um das Laub möglichst trocken zu halten, sollte nur in den Morgenstunden und direkt an die Wurzel gegossen werden. Im Kleingewächshaus muss für eine ausreichende Lüftung gesorgt werden. Eine Bekämpfung ist nur so lange möglich, wie der Erreger noch nicht in das Blattgewebe eingedrungen ist. In Befallsjahren können Fungizide (siehe Seite 165f.) eingesetzt werden.

Gelbe Verfärbungen durch Falschen Mehltau am Gurkenblatt.

Bohne

Absterben ganzer Pflanzen

Bohnen können von verschiedenen **Bodenpilzen** befallen werden, die zum schlagartigen Absterben der Pflanzen führen.

Direkte Bekämpfungsmaßnahmen sind im Hausgarten nicht möglich. Auf lockeren Böden werden die Bohnen weniger befallen, der regelmäßige Wechsel der Anbauflächen kann die Infektionsgefahr reduzieren.

Fruchtschäden

Besonders bei Buschbohnen können an den Hülsen Schäden durch die **Brennfleckenkrankheit,** *Colletotrichum lindemuthianum,* verursacht werden. Die Hülsen weisen braune, eingesunkene Flecke auf. Auch das Laub wird befallen und zeigt dann meist entlang der Blattadern braune Nekrosen. Der

Hülsenbefall kann sich auf die Samen ausdehnen, dadurch ist die Übertragung auf die nächste Generation möglich.

Durch die Wahl widerstandsfähiger Sorten kann das Problem eingegrenzt werden. Die Stangenbohnensorte 'Marga' ist gegenüber der Brennfleckenkrankheit widerstandsfähig. Unter den vielen Buschbohnensorten werden zum Beispiel 'Caruso', 'Dufrix', 'Marion', 'Montana' und 'Rondina' kaum befallen. Infizierte Pflanzen müssen vernichtet, Saatgut von befallenen Pflanzen darf nicht verwendet werden. Direkte Bekämpfungsmaßnahmen durch den Einsatz von Fungiziden sind derzeit mangels ausgewiesener Präparate nicht möglich.

Erbse

Absterben ganzer Pflanzen

Erbsen können von ähnlichen **Bodenpilzen** wie die Bohnen befallen werden.

Regelmäßiger Flächenwechsel und beste Kulturbedingungen helfen den Schaden zu begrenzen.

Blattschäden

Erbsenlaub kann vom **Echten Mehltau**, *Erysiphe pisi*, befallen werden. Er verursacht charakteristische, mehlig-weiße Beläge, die sich später grau verfärben.

Neben der Wahl widerstandsfähiger Sorten wie zum Beispiel die Schalerbse 'Frühe Harzerin' oder die Zuckererbsen 'Norli' und 'Sugar Bon' besteht die Möglichkeit, den Erreger durch den wiederholten Einsatz von Fungiziden (siehe Seite 165ff.) zu bekämpfen.

Außerdem kommen an Erbsen verschiedene **Viruskrankheiten** (siehe Seite 14ff.) vor, die zu Blattfleckungen oder Blattrollungen führen können.

Kartoffel

Absterben ganzer Pflanzen

Die **Kraut- und Braunfäule**, *Phytophthora infestans*, war im 19. Jahrhundert die Ursache für große Hungersnöte. Heute hat die Krankheit zwar nicht mehr diese große Bedeutung, in feuchten Jahren kann sie aber zum Zusammenbrechen ganzer Bestände führen. Der Erreger befällt das Laub, das dunkelbraune bis schwarze Flecken zeigt. Auf der Blattunterseite bildet sich bei feuchter Witterung das grauweiße Mycel aus. Es werden auch die Stängel und in der Folge die Knollen befallen.

Da der Erreger im Boden lange Zeit überdauern kann, kommt einem regelmäßigen Flächenwechsel große Bedeutung zu. Bekämpfungsmaßnahmen sind meist nur in sehr nassen Jahren notwendig. Der wiederholte Einsatz von Fungiziden (siehe Seite 165ff.) ermöglicht eine wirksame Bekämpfung.

Blattschäden

Der **Kartoffelkäfer**, *Leptinotarsa decemlineata*, und seine Larven fressen am Laub der Kartoffeln. Der etwa 10 mm große plumpe Käfer hat gelbe

Phytophthora-Mycel auf der Blattunterseite.

Flügeldecken, die mit zehn schwarzen Längslinien gezeichnet sind. Die Eier werden an der Blattunterseite in größeren Gruppen abgelegt. Aus den gelben Eiern schlüpfen die Larven, die zunächst Schabefraß, später auch Lochfraß an den Blättern verursachen. Die großen, rötlich gefärbten Larven mit den schwarzen Punkten auf den Körperseiten verpuppen sich am Laub. In manchen Jahren können zwei Generationen auftreten. Die Käfer überwintern im Boden.

! Im Hausgarten ist die effektivste Bekämpfung immer noch das Absammeln der Käfer und Larven. Spritzungen mit Insektiziden (siehe Seite 166ff.) sind meist nicht notwendig.

Rechts: Der Kartoffelkäfer und seine unterschiedlichen Larvenstadien an einem Kartoffelblatt.

Phytophthora-Befall an Kartoffelkraut.

Nadelgehölze

Für das Abfallen der Nadeln von Koniferen kann eine Vielzahl parasitärer und nichtparasitärer Ursachen verantwortlich sein. Die Nadeln durchlaufen aber auch einen natürlichen Alterungsprozess und werden nach einigen Jahren abgeworfen. Unter optimalen Standortbedingungen bleiben zum Beispiel die Nadeln der Schwarzkiefer, *Pinus nigra*, nur etwa vier Jahre am Trieb, bei der Nordmannstanne, *Abies nordmanniana*, fallen sie im Durchschnitt nach sechs Jahren ab und die Weißtanne, *Abies alba*, hält die Nadeln bis zu zwölf Jahre. Insbesondere bei dichten Pflanzen ist ein Absterben der inneren Nadeljahrgänge, die ohnehin kaum Licht erhalten und somit auch keine Funktion für das Gehölz erfüllen, normal und kein Grund zur Beunruhigung.

Wuchshemmung

An den Stämmen und Ästen von Nadelgehölzen sind manchmal Kolonien dunkel gefärbter, bis 7 mm großer Läuse zu finden. Die Tiere können recht flink laufen und werden daher oft für Käfer gehalten. Diese **Baum-** oder **Rindenläuse**, *Lachnidae*, saugen an der Rinde und besitzen dazu auffallend lange Saugrüssel. Die Läuse legen widerstandsfähige Eier in Rindenritzen ab. Auf starken Besatz reagieren die Bäume mit verringertem Wachstum. Viele Arten produzieren große Mengen Honigtau (siehe Seite 40) und können dadurch lästig werden.

! Die Stammläuse können mit Insektiziden (siehe Seite 166ff.) bekämpft werden.

Tanne

Nadelverfärbungen und Nadelfall

Sind nahezu alle Nadeln am Baum gleichmäßig geschädigt, sind nichtparasitäre Einflüsse oder an der Wurzel angreifende Pilzkrankheiten wie **Hallimasch** (siehe Seite 21ff.) die Ursache.

Stammlaus an einer Fichte.

Nach **Borkenkäfer**besiedlung (siehe Seite 52f.) können je nach Angriffsort der Schädlinge einzelne Äste, größere Kronenteile oder der ganze Baum betroffen sein.

Die Nadeln können auch unter Schädlingen leiden, die das Nadelgewebe besaugen. An trocken-warmen Standorten sind **Spinnmilben** (siehe Seite 37f.) besonders häufig zu finden.

Tannennadeln werden auch von verschiedenen **Nadelpilzen** befallen. Sie verursachen sich fleckig verfärbende und bald abfallende Nadeln. Auf der Nadelunterseite bilden sich später dunkle Punkte, die Sporenlager verschiedener **Schwächeparasiten** wie *Cytospora friesii* oder *Rhizosphaera* sp..

Treten solche Schäden auf, müssen zunächst die Wachstumsbedingungen des betroffenen Baumes verbessert werden. Bei optimalem Stand treten diese Erreger kaum auf bzw. verursachen keine nachhaltigen Schäden.

Nadeldeformationen

Besonders an Nordmannstannen, *Abies nordmanniana*, aber auch an Weißtannen, *Abies alba*, sind die Maitriebnadeln manchmal stark verdreht. Der Trieb ist deutlich gestaucht und kann deformiert sein. An den Trieben und auf den Nadeln sitzen nur etwa 0,5 mm große, schwarze Larven der **Tannentrieblaus**, *Dreyfusia nordmannianae*. Spätere Entwicklungsstadien haben drei deutliche weiße Linien auf dem Rücken, die aus Wachsausscheidungen bestehen. Der Schädling ist ursprünglich im Kaukasus beheimatet und wechselt dort zwischen Tanne und Orientalischer Fichte, wo er Gallbildungen an den Trieben verursacht. Bei uns ist die Entwicklung ausschließlich auf der Tanne möglich.

Tritt der Schädling verstärkt auf, muss schon während des Austriebs der Tannen mehrmals mit Insektiziden (siehe Seite 166ff.) gespritzt werden. Diese Spritzungen müssen mindestens zweimal im Abstand von etwa zehn Tagen durchgeführt werden.

Spinnmilben und Gespinste an einem Tannenzweig.

Fichte

Nadelverfärbungen und Nadelfall

Wie bei allen Nadelgehölzen kann Nadelfall sowohl durch ungünstige Wachstumsbedingungen wie Trockenheit oder Frost als auch durch parasitäre Schädigungen im Wurzel-, Stamm- oder Astbereich der Bäume verursacht werden.

An den Nadeln selbst können insbesondere bei der Zuckerhutfichte in trockenen Südlagen **Spinnmilben** (siehe Seite 37f.) schädigen. Manchmal sind auch **Schildläuse** (siehe Seite 41f.) die Ursache für Nadelverfärbungen.

Besonders Stechfichten, *Picea pungens*, werden oft vom **Riesenbastkäfer**, *Dendroctonus micans*, besiedelt.

Harzsticken nach Riesenbastkäferbesatz an der Stammbasis einer Fichte.

Fraßplatz von Riesenbastkäferlarven unter der Borke.

Die Besiedlung durch diesen größten heimischen Borkenkäfer wird oft erst erkannt, wenn der Baum vollständig abgestorben ist. Lange vorher können im Stammfußbereich die Einbohrlöcher der Käfer gefunden werden. An diesen Einbohrlöchern bilden sich große Harztrichter, das Harz ist meist mit Bohrmehl vermischt.

Die dunklen, etwa 8 mm großen Käfer legen unter der Borke einen Muttergang an, wo sie ihre Eier in Haufen ablegen. Die Eiablagezeit des Riesenbastkäfers erstreckt sich über mehrere Wochen, wodurch oft verschiedene Entwicklungsstadien gleichzeitig zu finden sind. Die bis 10 mm großen weißen Larven mit brauner Kopfkapsel legen im Gegensatz zu den meisten rindenbrütenden Borkenkäfern keine Einzelgänge an. Sie fressen gesellig nebeneinander in breiter Front, sodass große Fraßhöhlen im Kambiumbereich entstehen. Die Larven entwickeln sich meist innerhalb eines Jahres und verpuppen sich in der Fraßhöhle. Ist der gesamte Stammumfang betroffen, stirbt der Baum ab.

Der Riesenbastkäfer besiedelt bevorzugt Fichten, die durch Trockenheit, Staunässe oder Verletzungen vorgeschädigt sind. Er kann bei Übervermehrung aber auch vitale Bäume zum Absterben bringen.

! Ist schon ein großer Teil des Stammumfangs besiedelt, erübrigt sich jede Bekämpfung. Um die Nachbarbäume keinem erhöhten Besiedlungsdruck auszusetzen, sollten nicht mehr zu erhaltende Bäume sofort gerodet werden. Der besiedelte Teil muss verbrannt oder zumindest entrindet werden, um die Entwicklung des Schädlings zu unterbrechen. Wird die Besiedlung frühzeitig erkannt, können die Larven und Käfer unter der Rinde freigelegt und mechanisch abgetötet werden.

Nadelbräune und Nadelfall an einer Zuckerhutfichte, verursacht durch Spinnmilben.

Im Inneren verkahlende Blaufichte wurde durch Sitkafichtenläuse geschädigt.

Larve der Sitkafichtenlaus an einer Fichtennadel.

Der häufigste Verursacher von Nadelfall an Fichten ist aber die **Sitkafichtenlaus**, *Liosomaphis abietinum*. Wirtspflanzen sind alle Fichtenarten, neben der Sitkafichte, *Picea sitchensis*, werden besonders häufig Stechfichten, *Picea pungens*, und Zuckerhutfichten, *Picea glauca* 'Conica', besiedelt.

Die aus Nordamerika stammende Sitkafichtenlaus wurde Mitte der 60er-Jahre in Deutschland eingeschleppt und ist seither Bestandteil unserer Fauna. In wärmeren Klimazonen überwintert die erwachsene Laus, sodass vor allem nach milden und trockenen Wintern ein sehr schneller Populationsaufbau durch die lebendgebärenden Sitkafichtenläuse möglich ist. Die Vermehrung setzt bei entsprechenden Witterungsverhältnissen schon im Januar ein. Die Läuse besaugen die Nadeln der vorjährigen Triebe, die jüngsten, sich ab Mai entwickelnden Nadeln werden nicht besiedelt.

Durch die Saugtätigkeit entstehen an den Nadeln zunächst gelbe Flecken, später zeigt die betroffene Nadel ein gelbgrün gestreiftes Aussehen. Im Endstadium verfärbt sich die gesamte Nadel graubraun und fällt ab.

Für eine effektive Bekämpfung der Sitkafichtenlaus sind frühzeitige Maßnahmen entscheidend. Potenzielle Wirtspflanzen müssen möglichst schon im Laufe des Winters, spätestens jedoch ab März regelmäßig mithilfe von Klopfproben kontrolliert werden. Dazu wird ein weißes Blatt Papier unter einen zwei- bis dreijährigen Zweig gehalten, der abgeklopft wird. Bei solchen Klopfproben werden meist sehr viele verschiedene Insekten- und Milbenarten gefunden, die jedoch zum größten Teil keine Schäden an den Pflanzen anrichten. Die grünen, bis 2 mm großen Sitkafichtenläuse mit auffallenden rotbraunen Augen und zwei Röhren am Hinterleib können jedoch bei genauer Betrachtung gut unterschieden werden. Da die Larven sehr fest an den Nadeln sitzen und daher durch Klopfproben häufig nicht erfasst werden, müssen die Kontrollen in regelmäßigen Abständen wiederholt werden. Marienkäfer, Schlupfwespen, Flor- und Schwebfliegenlarven sind sehr effektive Gegenspie-

Durch den Fichtennadelrost verursachte Nadelverbräunungen.

Aufbrechende Chrysomyxa-Sporenlager auf Fichtennadeln.

ler der Sitkafichtenlaus. Bei Massenvermehrungen des Schädlings müssen Insektizide (siehe Seite 166ff.) eingesetzt werden, dabei sind besonders die unteren und inneren Bereiche der Fichte zu behandeln.

Im Spätherbst bis frühen Frühjahr können zunächst gelbe Verfärbungen an Fichtennadeln festgestellt werden. Später wölbt sich die Epidermis nach oben und es brechen leuchtend orangefarbige Sporenlager hervor. Die Ursache sind Infektionen durch **Rostpilze** der Gattung *Chrysomyxa*. *Chrysomyxa abietis* ist nicht auf einen Wirtswechsel angewiesen, im Frühjahr brechen die Sporenlager auf den alten Nadeln auf und infizieren die jungen Maitriebnadeln. Einige seltener auftretende Fichtennadelrostarten benötigen eine zweite Wirtspflanzenart, um ihre Entwicklung zu vollenden.

Tritt Rostbefall an Fichten auf, können ab Mai wiederholt Fungizide (siehe Seite 165ff.) zum Schutz der sich nun neu entwickelnden Nadeln eingesetzt werden. Besonders starker Befall tritt in dichten Beständen in eingeschlossenen Lagen auf, sodass durch entsprechende Standortwahl einem massiven Befall vorgebeugt werden kann. Die blauen Formen von *Picea pungens* sind offensichtlich weniger anfällig als die grünnadeligen Individuen einer Sämlingspopulation.

Für Nadelverbräunungen können auch andere **Nadelpilze** verantwortlich sein. Bei Untersuchungen brauner Nadeln können häufig *Rhizosphaera*-Arten oder *Lophodermium piceae* gefunden werden. Diese Erreger verursachen graubraune Verfärbungen der Nadeln, später sind auf der Nadelunterseite

Alte, verholzte Galle an einem Fichtentrieb durch die Fichtengallenlaus.

schwarze Punkte zu finden. In diesen Fruchtkörpern der Pilze werden die Sporen zur Weiterverbreitung gebildet.

[!] Befall durch solche Nadelpilze ist meist ein Zeichen für ungünstige Wachstumsbedingungen wie Trockenheit oder dichten Stand. Durch Maßnahmen zur Verbesserung der Wachstumsbedingungen kann auf direkte Bekämpfungsmaßnahmen verzichtet werden.

Triebanschwellungen

An den Trieben von Rotfichten, *Picea abies*, und Serbischen Fichten, *Picea omorika*, können oft auffällige Verdickungen gefunden werden. Zumindest später im Jahr könnten die dann verholzenden Anschwellungen für kleine Zapfen gehalten werden. Die Verdickungen werden von bestimmten Stadien verschiedener **Fichtengallenläuse** der Familie *Adelgidae* verursacht. Werden frische Gallen im Frühsommer geöffnet, können die Läuse darin gefunden werden.

Die meisten Fichtengallenläuse sind auf einen Wirtswechsel während ihrer Entwicklung angewiesen. Als Hauptwirt dienen verschiedene Arten der Fichte, auf denen die charakteristischen Gallen gebildet werden. Als Nebenwirte werden zum Beispiel von der Roten Fichtengallenlaus, *Adelges laricis*, Lärchen, *Larix decidua*, und von der Douglasienwollaus, *Gilletteella cooleyi*, Douglasien, *Pseudotsuga menziesii*, besiedelt. Eine Ausnahme ist die Gelbe Fichtengallenlaus, *Sacchiphantes abietis*, die sich ausschließlich auf Fichten entwickelt.

Der Entwicklungsgang der Fichtengallenläuse ist recht kompliziert und bei jeder Art etwas unterschiedlich. Ein typischer Kreislauf beginnt mit den Larven der Stammmutter, die am Hauptwirt

Neu entstehende Galle im Frühjahr.

Fichte überwintern. Im Frühjahr besaugen sie die Maitriebe. Durch den Saugreiz verbreitern sich die Nadelbasen zu Schuppen, unter denen sich kleine Kammern befinden. Es bilden sich ananasähnliche Gallen, die sich abhängig von der Läuseart an der Triebbasis (*Sacchiphantes abietis*) oder an der Triebspitze (*Adelges laricis*) befinden können. Die Größe der Gallen ist ebenfalls artabhängig und schwankt zwischen einem und mehreren Zentimetern (*Gilletteella cooleyi*). Die kleinen Kammern werden von den Nachkommen der Stammütter besiedelt. Im Sommer verlassen geflügelte Läuse die Gallen und fliegen zum Nebenwirt. Hier werden Eier abgelegt, aus denen noch im Herbst die Larven schlüpfen. Diese überwintern an der Rinde und besaugen im nächsten Jahr die Nadeln des Nebenwirts. Sie verursachen dadurch Nadelfleckungen, bei starkem Besatz

Längsschnitt durch eine Galle mit Läusen in den Kammern.

sterben besiedelte Nadeln ganz ab. Die Stadien auf dem Nebenwirt sind meist stark mit Wachswolle bedeckt. Die Larven entwickeln sich zu geflügelten Tieren, die im Spätsommer zum Hauptwirt Fichte abwandern. Hier werden Eier abgelegt, aus denen die Larven der

Fruchtkörper des Kiefernblasenrostes an einem Kiefernast.

Stammmütter der neuen Generation schlüpfen; der Kreislauf ist damit nach zwei Vegetationsperioden abgeschlossen.

Treten Fichtengallenläuse regelmäßig und in großer Anzahl auf, können sie ihren Hauptwirt Fichte durch den behinderten Wasser- und Nährstofftransport im Bereich der Galle schädigen. Manchmal werden die besiedelten Triebe überhaupt nicht mehr versorgt und sterben ab. Am jeweiligen Nebenwirt schädigen die Läuse einerseits durch den Saftentzug, andererseits kann die Wachswoll- und Honigtauproduktion der Tiere recht lästig werden.

Ist aufgrund der Größe der besiedelten Pflanzen eine Spritzung technisch durchführbar, können im Frühjahr vor dem Austrieb der Fichten Insektizide (siehe Seite 166ff.) eingesetzt werden.

Kiefer

Nadelverfärbungen und Nadelfall

Auch Kiefern reagieren auf ungünstige Standortbedingungen mit Nadelfall. **Hallimasch** (siehe Seite 21ff.) und **Borkenkäfer** (siehe Seite 52f.) können ebenfalls die Ursache für unnatürlichen Nadelverlust sein. An den Nadeln selbst saugen oft **Schildläuse** (siehe Seite 41f.), was zunächst zu Nadelscheckungen und später zum Nadelverlust führt.

Die gefürchtete und besonders in dichten Beständen der Berg- oder Krummholzkiefer, *Pinus mugo,* regelmäßig auftretende **Kiefernschütte** wird durch den Pilz *Lophodermium seditiosum* verursacht und führt zu massivem Nadelfall. Im Herbst können auf den Nadeln kleine gelbe Flecken gefunden werden. Diese verfärben sich braun, infizierte Nadeln fallen im nächsten Frühjahr ab. Auf den am Boden liegenden Nadeln bilden sich Fruchtkörper, in denen große Mengen Sporen gebildet werden. Ist es im Sommer sehr feucht, finden diese Sporen ideale Infektionsbedingungen vor.

Als wichtige Maßnahme hat sich das Entfernen abgefallener Nadeln aus dem Bestand erwiesen. Lichte Bestände trocknen besser ab und bieten dem Erreger so geringere Chancen zur Infektion. Der wiederholte Einsatz von Fungiziden ab Juni ist derzeit mangels ausgewiesener Präparate nicht möglich.

Gelbe Nadelverfärbungen an einzelnen Ästen können durch den **Blasenrost**, *Cronartium ribicola*, verursacht werden. An den Ästen bilden sich Anschwellungen, auf diesen sind flache, gelbliche Sporenlager zu finden. Die hier gebildeten Sporen infizieren die Blätter von Johannisbeersträuchern und verursachen dort das Schadbild des **Johannisbeersäulenrostes** (siehe Seite 83). Der Erreger befällt nur fünfnadelige Kiefern wie die Weymouthskiefer, *Pinus strobus*.

Werden solche Anschwellungen an Kiefern festgestellt, sollten die befallenen Äste nach Möglichkeit entfernt werden. Der Einsatz von Fungiziden ist zu diesem Zeitpunkt nicht mehr möglich. Anfällige Kieferarten und Johannisbeeren dürfen keinesfalls unmittelbar nebeneinander gepflanzt werden.

Fraßschäden an den Nadeln

Regelmäßig sind die bis zu 25 mm großen, meist hellgrün gefärbten Larven der **Gemeinen Kiefernbuschhornblattwespe**, *Diprion pini*, oder die dunkleren Larven der **Rotgelben Kiefernbuschhornblattwespe**, *Neodiprion sertifer*, an den Nadeln zu finden, wo sie in größeren Gruppen fressen. Wenn sie gestört werden, nehmen sie eine charakteristische Schreckstellung ein. Die Larven verpuppen sich im Juli in Kokons an Ästen oder in der oberen Bodenschicht.

Bei der Gemeinen Kiefernbuschhornblattwespe tritt ab August eine zweite Generation auf, die sich im Herbst verpuppt und so überwintert. Die erwachsenen, etwa 10 mm großen und recht plumpen Wespen schlüpfen im Mai aus den Puppenkokons. Die Eier werden in die Nadeln abgelegt.

Da die Larven meist konzentriert an einigen Trieben fressen, lassen sie sich recht gut absammeln. Bei stärkerem Besatz kann beim ersten Auftreten

Nach dem Fraß durch Larven der Kiefernbuschhornblattwespe bleiben nur Nadelstummel übrig.

ein Insektizid (siehe Seite 166ff.) eingesetzt werden.

Absterben von Maitrieben

Der Pilz *Sphaeropsis sapinea* verursacht ein **Triebsterben**. Ein Befall äußert sich in deutlich verkürzten Maitrieben, auch die Nadeln selbst erreichen nicht ihre normale Länge. Aus befallenen Trieben dringen große Mengen Harz, später brechen aus den Nadelbasen und der abgestorbenen Rinde kugelige, schwarzbraune Sporenlager des Pilzes hervor. Bei mehrjährigem Folgebefall kommt es zu einer Verbuschung der Kiefern.

Derartig geschädigte Triebe müssen entfernt werden. Dadurch kann das Infektionspotenzial zumindest reduziert werden. Bei entsprechend hohen Kiefern sind Bekämpfungsmaßnahmen durch den Einsatz von Fungiziden kaum möglich. Ist eine Bekämpfung bei mehrjährigem Befall notwendig und technisch durchführbar, muss diese termingerecht erfolgen. Da der Pilz die Neutriebe während des Wachstums infiziert, wäre der Einsatz von Fungiziden

Triebsterben an einer Kiefer. Kleines Bild: Abgestorbene Nadelpaare mit den Fruchtkörpern von Sphaeropsis.

nur ab Austrieb bis etwa Ende Juni Erfolg versprechend; derzeit sind für diese Anwendung jedoch keine Präparate ausgewiesen.

Ähnliche Symptome (insbesondere Nadelverkürzungen) werden durch die **Kiefernnadelscheidengallmücke**, *Thecodiplosis brachyntera*, verursacht. Im Sommer kann in der Nadelscheide die bis 3 mm große, orangerot gefärbte Larve dieses Gelegenheitsschädlings gefunden werden. Im Mai legen die unscheinbaren, bis 3 mm großen Mücken ihre Eier an die Knospen oder zwischen sich entwickelnde Nadeln. Durch den Saugreiz der Larve entsteht eine Kammer und die Nadel wird in ihrem Wuchs gehemmt.

An einzeln stehenden Kiefern tritt dieser Schädling nur sporadisch auf und muss nicht bekämpft werden. In größeren Kieferbeständen werden manchmal Insektizidspritzungen (siehe Seite 166ff.) etwa im Mai notwendig.

Zypressengewächse (Lebensbaum, Scheinzypresse, Wacholder)

Absterben ganzer Pflanzen

Außer nichtparasitären Ursachen und dem **Hallimaschpilz** (siehe Seite 21ff.) werden Scheinzypressen, *Chamaecyparis* sp., und Lebensbäume, *Thuja* sp., häufig vom *Phytophthora*-**Pilz** (siehe Seite 23f.) befallen und abgetötet. Besonders anfällig sind Pflanzen, die auf schweren, verdichteten, zur Staunässe neigenden Böden stehen. Der Befall äußert sich zunächst durch fahlgrüne Verfärbung der Schuppen, die Symptome sind häufig auf eine Hälfte der Pflanze beschränkt. Die fahlgrüne Verfärbung geht dann aber sehr schnell in Verbräunungen über, der betroffene Pflanzenteil stirbt vollständig ab. Wird am Stammfuß die Rinde angeschnitten, werden dort braune Verfärbungen des Kambiums sichtbar.

Die Rettung befallener Gehölze ist nicht möglich, sie müssen entfernt werden. Vor einer Neupflanzung muss der Boden großzügig ausgetauscht werden, um die Dauerorgane des Erregers zu entfernen.

Absterben einzelner Triebe

Sterben Triebe bis ins mehrjährige Holz ab, sind meist verschiedene pilzliche Erreger die Ursache. An Wacholderarten kann der Erreger des **Birnengitterrostes** (siehe Seite 71f.), *Gymnosporangium sabinae*, für absterbende Triebe verantwortlich sein.

Der Wacholder wird im Herbst von den auf dem Birnenblatt gebildeten Sporen infiziert. Das Mycel breitet sich in der Pflanze aus und überdauert im Holz. An der Infektionsstelle wird die Versorgung des Triebes beeinträchtigt. Mehrjährige Äste leiden meist weniger und können viele Jahre mit einer solchen Infektion überleben, dünnere Zweige sterben in der Regel schneller ab. Zunächst sind äußerlich keine Veränderungen am infizierten Wacholdertrieb festzustellen. Oft vergehen mehrere Jahre nach der Infektion, bis der Zweigbereich, wo später die Sporenlager gebildet werden, spindelförmig anschwillt. Dort werden im Frühjahr auffällige, orangebraun gefärbte, gallertartige Sporenlager gebildet. Bei feuchter Witterung sind diese Sporenlager besonders gut zu erkennen. Folgt eine trockene Witterungsperiode, schrumpfen die Fruchtkörper und können nur noch bei genauer Untersuchung der Zweige gefunden werden. Die hier gebildeten Sporen werden vom Wind verfrachtet und gelangen so auf das junge Blattgewebe des Nebenwirtes Birne.

Die auffallenderen Symptome zeigt zwar der Nebenwirt Birne, *Pyrus* sp., die größeren Schäden werden aber am Hauptwirt Wacholder, *Juniperus* sp., verursacht. Der heimische Wacholder, *Juniperus communis*, wird *nicht* vom Birnengitterrost befallen. Allerdings können auch an *Juniperus communis* ganz ähnliche Symptome gefunden werden. Diese werden von seltener auftretenden, eng verwandten Erregern wie dem

Triebanschwellung an Wacholder nach einer Birnengitterrostinfektion.

Sporenlager des Birnengitterrostes an einem Wacholdertrieb.

Triebsterben an einer Scheinzypresse.

Fruchtkörper an abgestorbenem Scheinzypressentrieb.

Weißdorngitterrost, *Gymnosporangium clavariaeformae*, verursacht, der Weißdorn, *Crataegus monogyna*, und Felsenbirne, *Amelanchier* sp., als Nebenwirte befällt.

Das oberflächliche Entfernen der Fruchtkörper hat keinen Effekt, der Pilzorganismus hat das gesamte Astgewebe durchwuchert. Werden am Wacholder befallene Triebe entdeckt, sollten sie großzügig unterhalb der Anschwellung entfernt werden. Allerdings kann der Erreger mit solchen Schnittmaßnahmen nicht aus der Pflanze entfernt werden; es ist weiterhin mit Triebanschwellungen und absterbenden Ästen zu rechnen.

Inzwischen liegen auch weitergehende Erfahrungen zur Anfälligkeit von Wacholderarten und -sorten vor. Dabei erwiesen sich neben den *Juniperus communis*-Sorten zum Beispiel die Säulenform *Juniperus chinensis* 'Blaauw', die breitbuschigen Sorten *Juniperus squamata* 'Blue Carpet', 'Meyeri' und *Juniperus chinensis* 'Pfitzeriana Glauca' sowie die flachwachsenden Formen *Juniperus horizontalis* 'Blue Chip', 'Glauca' und 'Wiltonii' als wenig anfällig.

An allen Zypressengewächsen kann eine Gruppe von Pilzen vorkommen, die als **Triebsterbenerreger** bezeichnet werden. Meist handelt es sich um *Kabatina*- oder *Phomopsis*-Arten. Die Erreger können die unverletzten Triebe infizieren, meist werden aber an streng geschnittenen Pflanzen die stärkeren Infektionen festgestellt. Der Schaden wird meist in den Wintermonaten oder im Frühjahr augenscheinlich. Auf den abgestorbenen Trieben werden die Fruchtkörper der Pilze in Form kleiner schwarzer Pusteln gebildet.

Abgestorbene Triebe müssen aus der Pflanze entfernt werden. Anschließend wie auch nach dem Formschnitt befallener Hecken wäre der Einsatz von Fungiziden hilfreich, derzeit sind allerdings keine Präparate für diese Anwendung ausgewiesen.

Sind nur die Spitzen der Triebe verbräunt, kann es sich um einen Schaden durch Miniermottenlarven handeln. Die Nekrosen beschränken sich auf

Durch Miniermotten abgestorbene Triebspitzen an einem Lebensbaum.

Bohrloch an einem abgestorbenen Thujatrieb.

die obersten 3 bis 5 cm der Triebe. Eindeutige Erkennungsmerkmale eines Miniermottenschadens sind die scharfe Abgrenzung zwischen gesundem und abgestorbenem Gewebe, die stecknadelkopfgroßen Ausbohrlöcher am Trieb und die Kotkrümel in den Miniergängen. Die etwa 5 mm große **Thujaminiermotte**, *Argyresthia thujella*, besiedelt vor allem Lebensbäume und Scheinzypressen, die goldgebänderte **Wacholderminiermotte**, *Argyresthia trifasciata*, tritt auch an Wacholder auf. Abhängig vom Witterungsverlauf sind die erwachsenen Motten ab Ende Mai zu finden. Die Flugzeit kann durch Schütteln befallsverdächtiger Pflanzen ermittelt werden, durch die Störung fliegen die Motten kurz auf. Die kurzlebigen Falter legen ihre Eier an die Schuppen im Triebspitzenbereich ihrer Wirtspflanzen. Nach zwei bis drei Wochen schlüpfen die grüngrauen, etwa 1 mm großen Räupchen und bohren sich sofort in die Triebe ein. Dort fressen sie das Pflanzengewebe aus, wodurch die typischen Miniergänge entstehen. Im Gegensatz zur Thujaminiermottenlarve, die ihre gesamte Entwicklung bis zur Puppe im einmal gewählten Trieb durchläuft, wechselt die Larve der Wacholderminiermotte von Zeit zu Zeit ihren Fraßort; der Schaden für die Pflanze ist entsprechend größer. Bis zum Herbst verläuft die Entwicklung der beiden Arten parallel. Ende November verlassen die Larven der Wacholderminiermotte jedoch die Triebe und suchen geschützte Orte am Stamm ihrer Wirtspflanze auf. Dort verpuppen sie sich im darauffolgenden Frühjahr. Die Larve der Thujaminiermotte überwintert dagegen in ihrer Mine und verpuppt sich auch dort, erst der Schmetterling verlässt im Mai den Trieb.

! Die natürlichen Feinde der Miniermotten wie Vögel, Spinnen und Schlupfwespen können die Schädlinge in der Regel nicht effektiv begrenzen. Werden besiedelte Triebspitzen rechtzeitig ausgeschnitten und vernichtet, kann die Population zumindest reduziert werden. Dabei ist jedoch der unterschiedliche Entwicklungskreislauf der beiden beschriebenen Arten zu beachten. Schnittmaßnahmen müssen demnach spätestens Ende November durchgeführt werden, solange sich die Larven beider Arten noch in den Minen befinden. Während der Flugzeit der Falter im Frühsommer können Insektizide (siehe Seite 166ff.) eingesetzt werden. Spritzungen müssen mehrmals und sehr termingenau durchgeführt werden, wozu auf die oben beschriebene Prognosehilfe zurückgegriffen werden kann.

Schuppenbräune an einem Lebensbaum.

Reife Sporenlager der Schuppenbräune.

Verfärbung einzelner Schuppen

Verfärben sich an Lebensbaum, Scheinzypresse oder Wacholder nur einzelne Schuppen oder Triebbereiche fahl bis braun, kann dies die Folge eines **Schildlausbesatzes** (siehe Seite 41f.) sein. Ein ähnliches Schadbild wird durch **Spinnmilben** (siehe Seite 37f.) hervorgerufen.

Auffällige hellbraune Verfärbungen an *Thuja*-Arten, die zunächst nur einzelne Schuppen, später auch ganze Triebe umfassen, werden von der **Schuppenbräune**, *Didymascella thujina*, verursacht. Erste Symptome sind einzelne braun verfärbte Schuppen, wobei der darüberliegende Triebteil im Gegensatz zu anderen Pilzerkrankungen an den Trieben von *Thuja* intakt bleiben kann. Findet der Erreger allerdings gute Lebensbedingungen vor, so kann er sich auf der Pflanze stärker ausbreiten und zum Absterben der Triebe führen. Auf den verbräunten Schuppen sind im Frühjahr rundliche, bis 2 mm große, flache, zunächst noch von der Epidermis bedeckte Erhebungen zu finden, die sich durch ihre etwas dunklere Färbung von der hellbraunen Schuppe abheben. Später reißt die Epidermis auf und ein zunächst hellbraunes, später sich dunkelbraun verfärbendes Polster kommt zum Vorschein. Die hier gebildeten Sporen werden über einen recht langen Zeitraum von Mai bis in den Herbst hinein entlassen und können so weitere Schuppen infizieren. Erste Symptome können meist im unteren Bereich der Pflanzen gefunden werden, später kann sich die Krankheit über die ganze Pflanze ausbreiten. Ein Befall durch *Didymascella thujina* kann besonders häufig an streng geschnittenen oder unter Trockenheit leidenden Thujahecken nachgewiesen werden.

Durch Gallmilben abgestorbene Eibenknospen.

Nadelverkrümmungen an einer Eibe durch Gallmilben.

Werden befallene Triebpartien entdeckt, müssen diese herausgeschnitten werden. Fungizidspritzungen haben sich in den meisten Fällen als wenig erfolgreich herausgestellt, allerdings sind derzeit auch keine Präparate für diese Anwendung ausgewiesen. Entscheidend für eine Reduzierung der Infektionsgefahr ist die Verbesserung der Wachstumsbedingungen.

Eibe

Nadelverfärbungen und Nadelfall

Exponiert stehende Eiben leiden unter **trockenen Wintern,** reagieren aber meist erst im Juni mit massiven Nadelvergilbungen und nachfolgendem Nadelabwurf. Auf staunassen Böden tritt häufig der *Phytophthora*-**Pilz** (siehe Seite 23f.) auf. Pilzkrankheiten an den Nadeln sind meist die Folge einer vorangegangenen Schädigung. Häufiger sind **Schildläuse** (siehe Seite 41f.) an Eiben zu finden. Der **Gefurchte Dickmaulrüssler** (siehe Seite 49ff.) schädigt die Eiben vor allem durch den Fraß an den Trieben, die dann absterben.

Deformation der Triebknospen

Die **Eibenknospengallmilbe**, *Cecidophyopsis psilaspis*, verursacht ein charakteristisches Schadbild. Die nur 0,2 mm großen Tiere leben in den Triebknospen und verhindern bei starkem Besatz deren Austrieb. Besiedelte Knospen sind deutlich dicker als üblich. Manchmal ist die Pflanze noch zu einem schwachen Austrieb fähig, die Triebe und Nadeln sind dann aber stark deformiert. Die Milben besiedeln schon im Sommer die Knospen des nächsten Jahres.

Die verdickten Knospen müssen spätestens im Frühjahr ausgebrochen und über den Hausmüll entsorgt werden. Direkte Bekämpfungsmaßnahmen sind derzeit mangels ausgewiesener Präparate nicht möglich.

Laubgehölze

Verschiedene Laubgehölzarten

An den im Garten kultivierten Laubgehölzen können viele Krankheiten und Schädlinge vorkommen, die wenig wirtsspezifisch sind.

Welken ganzer Pflanzen oder Pflanzenteile

Das Abwelken ganzer Pflanzen oder größerer Astpartien bei Laubgehölzen wird häufig durch den **Welkepilz** *Verticillium* sp. (siehe Seite 24f.) verursacht. Der **Hallimaschpilz** (siehe Seite 21ff.) kann Laubgehölze in kurzer Zeit abtöten. Waren **Holz bewohnende Käferarten** (siehe Seite 51ff.) für Absterbeerscheinungen verantwortlich, können Bohrlöcher oder Fraßgänge gefunden werden.

Blattflecken

Die Blattspreiten der Ziergehölze werden nicht nur von **Echten Mehltaupilzen** (siehe Seite 27ff.), sondern auch von verschiedenen Pilzarten besiedelt, die lokal begrenzte Blattverbräunungen verursachen.

Nekrosen an einem Lindenblatt durch Apiognomonia.

An Linden, *Tilia* sp., zeigen sich häufig braune Flecken entlang den Blattadern, die sich später über das ganze Blatt ausbreiten können. Die fleckigen Verbräunungen können auch die Blattstiele erfassen. Bei starkem Befall werden die Blätter vorzeitig abgeworfen. Der Erreger kann auch Triebe befallen und abtöten. Solche Schäden werden von dem **Blattfleckenpilz** *Apiognomonia tiliae* verursacht.

Im Bereich der Blattflecken werden im Laufe des Sommers ungeschlechtliche Sporen (Konidien) gebildet, mit deren Hilfe eine Verbreitung im Baum oder im Bestand stattfindet. Die Konidien werden in erster Linie durch Spritzwasser verbreitet, sodass besonders nach Regenperioden im Sommer mit starkem Befall zu rechnen ist. Später werden an den Blatt- und Triebnekrosen Fruchtkörper gebildet, deren geschlechtliche Sporen (Ascosporen) der Überwinterung des Erregers dienen. Starker Besatz der Linden mit gallbildenden Milben oder Insekten begünstigt den Befall durch *Apiognomonia tiliae*.

Bekämpfungsmaßnahmen sind bei größeren Bäumen meist nicht durchführbar. In Jahren mit starkem Befall kann das Entfernen des infizierten und abgefallenen Laubs den Befallsdruck für das kommende Jahr reduzieren. Bei Jungbäumen sollten die Triebe kontrolliert und infizierte Triebe entfernt werden. Der Einsatz von Fungiziden bei kleineren Bäumen ist derzeit mangels ausgewiesener Präparate nicht möglich.

Vergleichbare Symptome werden durch *Apiognomonia errabunda* an Buchen, *Apiognomonia quercina* an Eichen und *Apiognomonia veneta* an Platanen verursacht; die Maßnahmen ent-

Platanenblattbräune.

sprechen jenen bei der Blattbräune der Linde.

Andere häufig auftretende Blattfleckenpilze an Laubgehölzen sind die **Rosskastanienblattbräune**, *Guignardia aesculi*, an Rosskastanien und die **Teerfleckenkrankheit**, *Rhytisma acerinum*, an Ahorn.

Da direkte Bekämpfungsmaßnahmen durch den Einsatz von Fungiziden in den meisten Fällen aus technischen Gründen (Größe der Bäume) nicht durchführbar sind, muss dem Unterbrechen des Entwicklungskreislaufs durch Entfernen des Falllaubs besondere Beachtung geschenkt werden.

Auf den ersten Blick können auch Schäden durch **Miniermotten** an Laubgehölzen für Pilzkrankheiten gehalten werden. Im Zweifelsfall muss mittels eines spitzen Gegenstandes versucht werden, das Blattgewebe zu zerteilen. Waren Miniermottenlarven für den Schaden verantwortlich, wird ein Hohlraum im Blatt sichtbar. Hier können die Kotkrümel der darin fressenden Larven gefunden werden. Möglicherweise befindet sich auch die Larve selbst noch in der Mine.

Ahornteerfleckenkrankheit.

Larve der Roßkastanienminiermotte in geöffneter Mine.

Miniermotten kommen an vielen verschiedenen Laubgehölzen vor. Im Spätsommer ist an Platanen häufig die **Platanenminiermotte**, *Lithocolletis platani*, zu finden, seit Mitte der 90er-Jahre tritt auch die **Rosskastanienminiermotte**, *Cameraria ohridella*, in Deutschland auf. Die **Feuerdornminiermotte,** *Phyllonorycter leucographella,* verursacht die gesamte Blattfläche einnehmende Minen. Später falten sich die Blätter entlang der Mittelrippe nach oben.

[!] Die Schädlinge überwintern als Larve oder Puppe im abgefallenen Laub, sodass durch Entfernen und Vernichten des Fallaubs eine gewisse Reduzierung der Population möglich ist. Bei kleineren Wirtspflanzen können auch Spritzmaßnahmen mit Insektiziden (siehe Seite 166ff.) durchgeführt werden. Wichtig ist dabei der richtige Anwendungszeitpunkt, der sich nach der Flugzeit des jeweiligen Schädigers – bei der Feuerdornminiermotte im Mai und im August – richtet.

Eher diffuse Aufhellungen und Sprenkelungen, die das ganze Blatt betreffen, werden von **Spinnmilben** (siehe Seite 37f.) oder **Zikaden** (siehe Seite 43f.) verursacht. Starker **Blattlausbesatz** (siehe Seite 39ff.) kann ebenfalls Blattnekrosen zur Folge haben, oft sind jedoch die Verschmutzungen durch die Honigtauproduktion der Tiere störender.

Fraßschäden am Laub

Laubgehölze dienen einer Vielzahl von **Schmetterlingsraupen**, **Blattwespen**- und **Käferlarven** als Nahrungspflanzen.

[!] An kleineren Gehölzen können die Schädlinge oft durch Absammeln entfernt werden. Reicht diese Maßnahme zur Bekämpfung nicht aus, können Insektizide (siehe Seite 166ff.) eingesetzt werden.

Regelmäßig befressen die grün gefärbten Raupen des **Kleinen Frostspanners**, *Operophthera brumata*, die sich entwickelnden Blättchen von Laubgehölzen und spinnen diese manchmal zusammen. Die Fortbewegungsart der Raupen war für die Spannerarten namensgebend. Sie setzen die am hinteren Ende des Körpers befindlichen Abdominalfußpaare dicht an die vorderen drei Beinpaare, wodurch der typische „Katzenbuckel" entsteht. Dann lösen sie die vorderen Beinpaare von der Unterlage und strecken ihren Körper. Nachdem sie mit den vorderen Beinpaaren an der Unterlage Halt gefunden haben, wird diese Bewegung wiederholt.

Ab Oktober erscheinen die nachtaktiven Falter. Die männlichen Tiere haben graubraune, mit dunklen Wellenlinien gezeichnete Flügel bei einer Spannweite von etwa 25 mm. Die nur 8 mm großen Weibchen besitzen lediglich Flügelstummel und sind flugunfähig. Sie klettern im Spätherbst an den Stämmen von Laubgehölzen nach oben und legen ihre Eier in Rindenritzen ab. Im Frühjahr schlüpfen

Platzminen der Platanenminiermotte auf der Unterseite eines Platanenblattes.

Platzmine der Feuerdornminiermotte.

Frostspannerraupe an einer Quitte. Kleines Bild: Frostspannerraupe.

Leimring am Stamm und am Pfahl zur Bekämpfung des Frostspanners.

dann die Räupchen und beginnen mit ihrem Lochfraß an den Blättern. Schon Anfang Juni verlassen die inzwischen bis 25 mm langen Raupen ihren Fraßbaum, um sich im Boden zu verpuppen.

Um Fraßschäden durch den Kleinen Frostspanner zu verhindern, können die weiblichen Falter im Herbst an der Besiedlung ihrer Wirtsbäume gehindert werden. Dies wird durch das Anbringen einer beleimten Manschette am Baumstamm erreicht, die von den Frostspannerweibchen nicht überwunden werden kann. Solche käuflichen oder selbst anzufertigenden Leimringe müssen rechtzeitig vor der Besiedlung der Gehölze im Oktober bis November angebracht werden. Bei älteren, grobborkigen Bäumen ist darauf zu achten, dass der Leimring dicht anliegt und keine Schlupflöcher für das kleine Weibchen bleiben. Angewehte Blätter können den Tieren als

Larve des Schneeballblattkäfers.

Brücke dienen. Besitzt der zu schützende Baum einen Pfahl, so muss auch dieser mit einem Leimring versehen werden, da die Weibchen sonst über den Pfahl auf den Wirtsbaum gelangen können. Stoßen Frostspannerweibchen bei der Besiedlung der Wirtspflanzen auf einen solchen Leimring, legen sie ihre Eier oft unterhalb der Barriere ab. Werden die Leimringe im Winter wieder entfernt, müssen die unterhalb der Barriere abgelegten Eier durch Abbürsten vernichtet werden. Um Beifänge von nützlichen oder indifferenten Insekten möglichst gering zu halten, sollten grün eingefärbte Leimringe eingesetzt werden. Ist bei Hecken oder Sträuchern ein Anbringen solcher Leimringe nicht möglich, können beim ersten Auftreten der Raupen im Frühjahr Insektizide (siehe Seite 166ff.) eingesetzt werden.

Vertreter der **Blattkäfer**, *Chrysomelidae*, kommen an den meisten Laubgehölzen vor, viele Blattkäfer sind aber auf einzelne Wirtspflanzenarten oder -gattungen spezialisiert. Bei den Blattkäfern schädigen sowohl die Larven als auch die erwachsenen Käfer durch ihren Fenster- oder Lochfraß an den Blättern.

Blattkäfer sind häufig an Erlen, Weiden und Pappeln zu finden, im Hausgarten tritt der **Schneeballblattkäfer**, *Galerucella viburni*, oft auf. Neben dem Gemeinen Schneeball, *Viburnum opulus*, werden auch andere in den Hausgärten kultivierte Schneeballarten besiedelt. Im Spätsommer und Herbst legen die 8 mm großen, gelbbraun gefärbten Käfer ihre Eier an den Wirtspflanzen ab. Dazu nagt das Weibchen kleine, nur etwa 2 mm große Grübchen in dünne, meist in diesjährige Triebe. In diese „Nestchen" werden jeweils etwa fünf bis zehn Eier ablegt. Die Gelege werden anschließend mit einem Deckel aus Kot, Sekreten und Holzfasern überdeckt. Dadurch sind die überwinternden Eier vor Freßfeinden gut geschützt.

Sobald die ersten Blätter des Schneeballs austreiben, schlüpfen die Larven des Schneeballblattkäfers. Die sechsbeinigen, walzenförmigen, etwas abgeplatteten Larven sind zunächst hellgelb gefärbt, der Körper ist mit schwarzen Warzen übersät. Die ersten Larvenstadien führen einen typischen Fensterfraß durch, spätere Larvenstadien fressen dann Löcher

Larven des Schneeballblattkäfers verursachen auf dem Schneeballblatt Fenster- und Lochfraß.

Fraßschaden durch Schneeballblattkäferlarven an einem Schneeball.

Eiablagestellen des Schneeballblattkäfers an Zweigen.

in das Blattgewebe. Bei starkem Besatz werden die Blätter vollständig skelettiert. In drei bis vier Wochen wachsen die Larven zu etwa 6 mm langen, dann dunkler gefärbten Tieren heran, die zur Verpuppung in die obere Bodenschicht abwandern. Dort entwickelt sich die nächste Käfergeneration, die ab August auf den Sträuchern zu finden ist.

[!] Regelmäßig starker Besatz führt zu einer Schwächung der befallenen Sträucher, besonders an weniger robusten Arten wie *Viburnum* x *carlcephalum* ist häufig ein Absterben des Jahrestriebes in Folge der Fraßtätigkeit zu beobachten. Sträucher, die im Frühsommer unter dem Fraß des Schneeballblattkäfers gelitten haben, sollten im Herbst genau untersucht werden. Sind an den Trieben Eiablagestellen zu finden, so müssen die betroffenen Triebe herausgeschnitten und vernichtet werden. Im Frühjahr kann durch das Entfernen von Blättern mit den darauf sitzenden Larven zu einem sehr frühen Zeitpunkt der Besiedlung (Fensterfraß der Larven) eine deutliche Reduzierung der Population erzielt werden. Bekämpfungsmaßnahmen mit Insektiziden (siehe Seite 166ff.) sollten schon gegen die Larven durchgeführt werden, da diese besser als die Käfer bekämpfbar sind. Da die Larven meist auf den Blattunterseiten fressen, müssen diese gut benetzt werden.

Blattdeformationen

An den Blättern der meisten Laubgehölzarten können manchmal auffällige Deformationen oder Auswüchse gefunden werden. **Gallmilben** (siehe Seite 38f.) können auf der Blattoberseite kleine kugelige oder mehr zipfelige Gallen verursachen, die manchmal auffällig rot gefärbt sind. Auch Blattrandrollungen oder Filzrasen auf der Blattunterseite werden durch Gallmilbenarten verursacht. Größere Gallen sind auf eine Besiedlung durch **Gallmücken**, **Gallenläuse** oder **Gallwespen** zurückzuführen.

Die Schäden sind zwar sehr auffällig, beeinträchtigen die Pflanze aber kaum. Bekämpfungsmaßnahmen sind daher nicht notwendig.

Rhododendron

Absterben von Trieben oder ganzen Pflanzen

Rhododendren werden häufig vom *Phytophthora*-**Pilz** (siehe Seite 23f.) infiziert. Werden Wurzel oder Wurzelhals befallen, sind keine Bekämpfungsmaßnahmen mehr durchführbar. An Rhododendren kommen *Phytophthora*-Arten vor, die nur einzelne Triebe befallen. Diese zeigen zunächst nur einen kleinen, braun verfärbten Fleck, der sich jedoch

Gallwespenlarve in geöffneter Galle am Ahorn.

zunehmend vergrößert. Weitet sich das abgestorbene Gewebe um den Trieb herum aus, stirbt dieser ab. Der Pilz dringt meist über Verletzungen ein, die durch Schnittmaßnahmen oder abgefallene Blätter entstehen.

Befallene Triebe müssen entfernt werden. Der Schutz noch nicht befallener Triebe durch anschließende Fungizidspritzungen ist derzeit mangels ausgewiesener Präparate nicht möglich.

Fraßschäden am Laub

Rhododendren werden oft vom **Gefurchten Dickmaulrüssler** (siehe Seite 49ff.) besiedelt. Die charakteristischen halbmondförmigen Fraßbuchten am Laub sollten ein Hinweis darauf sein, das Substrat auf die wesentlich gefährlicheren Larven des Käfers zu untersuchen und Bekämpfungsmaßnahmen durchzuführen.

Laubverfärbungen

Die Blätter älterer Rhododendren sind zwischen den noch grün gefärbten Blattadern oft gelb verfärbt. Spä-

Interkostalchlorosen nach induziertem Eisenmangel an Rhododendron.

ter stirbt das Gewebe vom Blattrand her ab. Solche Symptome werden durch einen **Mangel am Spurennährstoff Eisen** verursacht, der eine wichtige Aufgabe bei der Bildung des Blattgrünfarbstoffes Chlorophyll hat. Bei Bodenuntersuchungen auf den Gesamtgehalt an Eisen werden trotz ausgeprägter Mangelsymptome meist ausreichend hohe Eisengehalte gemessen. Allerdings kann bei pH-Werten über 6 das im Boden vorhandene Eisen von der Pflanze nur noch schlecht aufgenommen werden.

Da eine Senkung des pH-Wertes gewachsener Böden aber nur schwer zu erreichen ist, muss den Pflanzen der Nährstoff Eisen so zugeführt werden, dass sie ihn auch verwerten können. Dazu bieten sich zwei Möglichkeiten an. Pflanzen sind in der Lage, Nährstoffe auch über das Blatt aufzunehmen. Entsprechende Handelspräparate wie zum Beispiel „Fetrilon" werden in Wasser aufgelöst und über das Laub der Pflanze gespritzt. Die Aufnahme der Nährstoffe über die Blätter ist im Frühjahr bis Frühsommer recht gut, später im Jahr sind solche Maßnahmen nicht mehr zu empfehlen. Es gibt aber auch die Möglichkeit, Eisen in einer speziellen chemischen Formulierung über den Boden zu düngen. Diese Formulierung (Eisen-EDDHA, zum Beispiel im Handelspräparat „Sequestren") bleibt auch bei hohen pH-Werten des Bodens für die Pflanze verfügbar.

Um den beschriebenen Schadsymptomen vorzubeugen, wird vor der Pflanzung von Moorbeetpflanzen oft eine Bodenverbesserung mit Torf durchgeführt. Diese Maßnahme wirkt aber nur begrenzte Zeit, da die Pflanze ihre Wurzeln mit den Jahren über den verbesserten Bereich hinaus ausbreitet. Die Nährstoffaufnahme findet so bald wieder im ungünstigen Boden statt. Dieses Auswurzeln kann verhindert werden, wenn der Ballen regelmäßig spatentief umstochen wird. Dadurch wird die Pflanze immer wieder zur Bildung neuer Wurzeln im verbesserten Bereich angeregt.

Inzwischen werden von den Baumschulen immer mehr Rhododendronsorten angeboten, die auf eine kalktolerante Unterlage veredelt wurden. Diese unter der Markenbezeichnung „Inkarho" angebotenen Sorten wachsen auch auf Böden mit pH-Werten bis 6 noch gut.

Blattflecken

Rhododendren werden von verschiedenen **Blattfleckenpilzen** (siehe Seite 30f.) besiedelt. Häufig sind die Blätter aber durch Nährstoffmangel, Trockenheit oder Schädlingsbesatz vorgeschädigt. **Mottenschildläuse** (siehe Seite 42f.) verursachen Saugschäden und produzieren große Mengen Honigtau.

In manchen Regionen tritt die **Rhododendronnetzwanze**, *Stephanitis rhododendri*, auf, die auf den Blattunterseiten saugt. Besiedelte Blätter sind fein gesprenkelt und können absterben. Auf

Welkender Rhododendron nach Phytophthora-Infektion.

Blattfleckenpilz an einem Rhododendronblatt.

Mottenschildläuse auf der Blattunterseite.

Durch Rhododendronnetzwanzen verursachter Saugschaden.

der Blattunterseite sind die dunklen, etwa 4 mm großen Wanzen mit den netzartig gezeichneten Flügeln, ihre gelblichen Larven und dunkle Kottröpfchen zu finden. Die Weibchen legen ihre Eier im Herbst an der Blattunterseite ab.

Im Frühjahr schlüpfen die Larven, die sich bis Juni zu den erwachsenen Wanzen entwickeln.

[!] Da zu Beginn der Besiedlung nur einzelne Blätter betroffen sind, können diese abgepflückt und mit den darauf befindlichen Schädlingen vernichtet werden. Insektizide (siehe Seite 166ff.) können ab Erscheinen der Larven auf die Blattunterseiten gespritzt werden.

Blütensterben

Im Herbst scheinen befallene Blütenknospen noch gesund zu sein, im Laufe des Winters verbräunen sie jedoch und öffnen sich im Frühjahr nicht. Für solche Schäden kann neben Wintertrockenheit, starken Frösten oder Verletzungen das **Knospensterben,** *Pycnostysanus azaleae,* verantwortlich sein. Wenn auf der Knospenoberfläche im Frühjahr dunkle, 1 bis 2 mm lange „Härchen" wachsen, war dieser Pilz die Ursache für

Erwachsene Rhododendronzikade.

Konidienträgerbündel von Pycnostysanus auf einer abgestorbenen Rhododendronknospe.

das Absterben der Knospe. Der Pilz dringt über Verletzungen der Knospe ein, die von der **Rhododendronzikade**, *Graphocephala coccinea*, bei der Eiablage verursacht werden.

Nach der Infektion im Sommer und Herbst durchwächst der Pilz das Knospengewebe und tötet es ab. Im Frühjahr bildet er dann auf der Oberfläche der abgetöteten Knospe die auffälligen Konidienträgerbündel aus. Oft kommt die Entwicklung des Pilzes noch in der Blütenknospe zum stehen, manchmal kann der Erreger aber auch in den Trieb einwachsen und diesen abtöten. Im Juli und August können die auffallend gefärbten Rhododendronzikaden auf den Blattunterseiten gefunden werden. Die erwachsenen Zikaden sind etwa 10 mm groß und haben die für Zikaden typische keilförmige Gestalt mit nahezu dreieckigem Kopf. Die Grundfärbung ist ein helles Grün, die Flügeldecken sind orangerot in Längsrichtung gestreift. Im Spätsommer bis Herbst legen die Zikaden ihre Eier an den Blütenknospen ab. Dazu werden kleine Taschen in das Gewebe eingeschnitten. Die Eier überwintern dort und ab Mai des Folgejahres schlüpfen die unauffälligen, blassgelb gefärbten Larven, die sich über mehrere Häutungen bis Mitte Juli zum Vollinsekt entwickeln. Sowohl die Larven als auch die erwachsenen Tiere ernähren sich vom Pflanzensaft, den sie auf den Blattunterseiten sitzend saugen. Bei starkem Besatz weisen die Blätter eine feine Sprenkelung auf, der Saugschaden ist jedoch meist recht gering.

[!] Alle offensichtlich befallenen Knospen müssen gewissenhaft entfernt werden, um das Infektionspotenzial in der Pflanzung zu reduzieren. Der Einsatz von Fungiziden zur Verhinderung von Infektionen ist sehr aufwändig. Wird jedoch die Rhododendronzikade bekämpft, hat der Pilz keine Infektionsmöglichkeit mehr. Dazu können beim ersten Auftreten der Larven, spätestens jedoch beim Auftreten der erwachsenen Zikaden Insektizide (siehe Seite 166ff.) eingesetzt werden.

Werden die Spritzungen frühmorgens bei niedrigen Temperaturen durchgeführt, fliehen die Zikaden nicht so schnell. Beim Einsatz von Kontaktinsektiziden müssen die Blattunterseiten gründlich benetzt werden. Zur Diagnose des Besatzes können gelbe Leimtafeln ab Juni über gefährdete Bestände gehängt werden. Sie bewirken jedoch lediglich eine sehr geringe Reduzierung der Population.

Rose

Absterben oder Kümmern ganzer Pflanzen

Die **Bodenmüdigkeit** kann bei allen Gehölzen aus der Familie der Rosengewächse auftreten. Die Symptome reichen von vermindertem Zuwachs bis zum Absterben der Pflanzen. Die Ursachen dieser Erscheinung sind vielfältig, neben Nematoden und Strahlenpilzen sind auch nichtparasitäre Faktoren beteiligt. Probleme entstehen immer dann, wenn Rosen auf einer zuvor gerodeten Rosenfläche gepflanzt werden. Daher sollte bei einer notwendigen Nachpflanzung zumindest der Boden großzügig ausgetauscht werden.

Absterben von Trieben

Sterben bei Rosen einzelne Triebe ab, so kann das **Wurzelkropfbakterium** (siehe Seite 20f.) dafür verantwortlich sein.

Triebnekrose an einer Rose.

An Rosen tritt häufig eine Pilzerkrankung auf, die ein **Triebsterben** hervorrufen kann. An den Trieben im Bereich der Knospen sind dann rötlichbraune Verfärbungen zu finden, die sich entlang des Triebes ausdehnen. Ist der Trieb umgürtet, stirbt er ab. Auf den Nekrosen bildet der Pilz *Coniothyrium wernsdorffiae* seine Fruchtkörper aus. Die dort gebildeten Sporen können noch gesunde Triebe während der gesamten Vegetationsperiode und sogar in milden Wintern infizieren. Der Pilz findet in dichten Beständen besonders gute Entwicklungsmöglichkeiten.

Befallene Triebe müssen entfernt werden. Ausgeglichene Düngung verhindert schlecht ausgereiftes Holz und verringert dessen Anfälligkeit. Eine direkte Bekämpfung durch den Einsatz von Fungiziden ist derzeit mangels ausgewiesener Präparate nicht möglich.

Das Kümmern oder Absterben von Trieben kann durch den Fraß von Blattwespenlarven verursacht werden. Die Larven des **Abwärtssteigenden Rosentriebbohrers**, *Ardis brunniventris*, schlüpfen aus den im Frühjahr meist in der Nähe der Blattachseln abgelegten Eiern und bohren sich in das Mark des Triebes ein. Dort fressen sie einen bis 5 cm langen Gang nach unten aus. Nach etwa drei Wochen verlassen die inzwischen bis 12 mm langen, weißlichbraunen Larven den abgestorbenen Trieb und überwintern im Boden. Dort verpuppen sie sich im nächsten Frühjahr. Die dunklen, etwa 6 mm großen Wespen fliegen im Mai. Die Larven des **Aufwärtssteigenden Rosentriebbohrers**, *Blennocampa elongatula*, dringen ebenfalls in den Trieb ein, fressen aber einen Gang nach oben; der Trieb stirbt selten ab.

Besiedelte Triebe, die an den Einbohrlöchern und Kotauswürfen erkennbar sind, müssen entfernt werden.

Kotkrümel am Bohrloch des Aufwärtssteigenden Rosentriebbohrers.

Insektizide (siehe Seite 166ff.) können die Larven nur erfassen, bevor sie sich in den Trieb eingebohrt haben. Die Larven können von Mai bis Mitte Juli auftreten.

Auch die Gallen der **Gemeinen Rosengallwespe**, *Diplolepis rosae*, können zur Unterversorgung von Trieben führen, sie sterben aber selten ab. An den Trieben sind große, haarige Wucherungen zu finden. Wird eine solche Galle geöffnet, werden zahlreiche Kammern sichtbar, in denen sich die weißen, bis 5 mm großen Larven entwickeln. Hier verpuppen sie sich im nächsten Frühjahr.

Eine direkte Bekämpfung ist nicht notwendig, Gallen sollten aber entfernt werden.

Blattkrankheiten

Rosen werden hauptsächlich von den **Blattpilzen** Echter Mehltau, *Sphaerotheca pannosa* var. *rosae*, Falscher Mehltau, *Peronospora sparsa*, Sternrußtau, *Diplocarpon rosae*, und

Larve der Gemeinen Rosengallwespe in der aufgeschnittenen Galle.

Echter Mehltau an Rosenblättern.

Durch den Falschen Mehltau verursachte rotviolette Blattflecken.

Durch Sternrußtau hervorgerufene Blattflecken und Chlorosen.

Rosenrost, *Phragmidium mucronatum*, befallen.

Echter Mehltau. Er tritt vor allem in warmen, trockenen Lagen auf und befällt neben den Blättern auch Triebe und Blütenknospen, die dann von einem weißen Mycelbelag bedeckt sind. Bei starkem Befall sterben die befallenen Pflanzenteile ab. Der Erreger überwintert in den Knospen oder am Trieb.

Falscher Mehltau. Der Befall äußert sich an Rosen durch blattoberseitige violette Verfärbungen, ein Konidienträgerrasen wird nur bei sehr feuchtem Wetter auf der Blattunterseite ausgebildet. Falscher Mehltau tritt an Freilandrosen nur in sehr nassen Jahren stärker auf.

Sternrußtau. Er befällt vor allem die unteren und älteren Blätter, auf deren Oberseite fein verästelte schwarze Flecken entstehen. Infizierte Blätter werden gelb und fallen ab.

Rosenrost. Er befällt ebenfalls die älteren Blätter. Auf der Blattoberseite werden kleine gelbe Flecken sichtbar, auf der Blattunterseite werden charakteristische orangegelbe, später dunkelbraune Sporenpusteln gebildet. Sternrußtau und Rosenrost überwintern auf dem abgefallenen Laub.

[!] Einige Rosensorten sind gegenüber den Blattpilzen recht widerstandsfähig und sollten daher bevorzugt gepflanzt werden. Die meisten Kletter- und Strauchrosensorten sind recht robust. Besonders widerstandsfähig sind zum Beispiel die Kletterrosen 'Flammentanz', 'Ilse Krohn Superior' und 'Rosarium Uetersen' sowie die Strauchrose 'Westerland'. Viele Beetrosen sind gegen einen oder mehrere der Blattpilze anfällig; als besonders robust hat sich zum Beispiel die Sorte 'Friesia' erwiesen. Viele der neueren Bodendeckerrosen leiden kaum unter den Pilzkrankheiten. Die meisten Edelrosen sind recht empfindlich, hier gibt es kaum Sorten, die ohne regelmäßigen Fungizideinsatz dauerhaft gesund bleiben. Spritzmaßnahmen sind mit Fungiziden (siehe Seite 165ff.) möglich und müssen regelmäßig in zwei- bis dreiwöchigem Abstand durchgeführt werden. Mehltauanfällige Sorten müssen schon ab dem Austrieb behandelt werden. Sternrußtau und Rost treten in der Regel erst im Sommer auf, sodass regelmäßige Spritzungen ab Juli meist ausreichen.

Gelbe Blattfleckung durch Rosenrostbefall.

Blattdeformationen

Häufig sind an Rosen einige in Längsrichtung nach unten zusammengerollte Blätter zu finden. Rollt man diese vorsichtig wieder auf, kann eine bis 10 mm große, blassgrüne Blattwespenlarve gefunden werden. Die erwachsenen, etwa 5 mm großen und dunkel gefärbten **Rosenblattrollwespen**, *Blennocampa pusilla*, legen ihre Eier im Juni an den Blattrand. Durch Einstiche nahe der Mittelrippe wird das Blatt zum Zusammenrollen angeregt. Im Schutze diese Wickels frisst die Larve, die im

Eingerollte Blätter werden durch Rosenblattroll-wespen verursacht.

Spätsommer in den Boden abwandert und sich dort verpuppt.

Bekämpfungsmaßnahmen sind selten notwendig. Besiedelte Blätter können entfernt und vernichtet werden, um die Population etwas zu reduzieren.

Fraßschäden am Laub

An Rosenblättern fressen **Blattwespenarten**, **Schmetterlingsraupen** und **Käfer** (siehe Seite 46ff.).

Blattverfärbungen und Blattfall

Spinnmilben (siehe Seite 37f.) besiedeln besonders Rosen in trockenen Lagen. Die Blätter sind oberseits zunächst fein gesprenkelt und werden später insgesamt fahlgrün, bevor sie abfallen. Auf der Unterseite sind die Milben und ihre Gespinste zu finden.

Blattläuse

An den Triebspitzen der Rosen sind fast immer **Blattläuse** (siehe Seite 39ff.) zu finden.

Da es sich aber um Arten handelt, die keine Blattrollungen verursachen, ist eine Bekämpfung mit Insektiziden (siehe Seite 165ff.) problemlos durchzuführen. Häufig siedeln sich aber

Fahle Blattverfärbung durch Spinnmilbenbesatz.

Blattläuse an einer Rosenknospe.

Grauschimmel.

sehr schnell Nützlinge an, die die Schädlingspopulation sehr effektiv dezimieren.

Blütenschäden

Stark gefüllte Rosenblüten werden in nassen Witterungsperioden vom **Grauschimmelpilz**, *Botrytis cinerea*, (siehe Seite 31) befallen. Zwischen den Blütenblättern hält sich das Wasser lange Zeit, dadurch findet der Erreger optimale Infektionsmöglichkeiten. Befallene Blüten öffnen sich nicht mehr und verbräunen, sie sind vom charakteristischen Schimmelbelag überzogen.

Bekämpfungsmaßnahmen lohnen sich nicht, befallenen Knospen sollten entfernt werden.

Stauden und Sommerblumen

Welken und Absterben ganzer Pflanzen

Die Larven des **Gefurchten Dickmaulrüsslers** kommen vor allem in humosen Substraten vor. Durch den Fraß an den Wurzeln können sie sehr schnell zum Absterben von Stauden führen. Die Larven müssen rechtzeitig durch den Einsatz von Nematoden bekämpft werden (siehe Seite 49ff.).

Welkepilze der Gattungen *Fusarium* und *Verticillium* (siehe Seite 24ff.) befallen auch Stauden und Sommerblumen und führen durch das Verstopfen der Leitungsbahnen zum Abwelken der Pflanzen. Chrysanthemen und Astern leiden besonders häufig unter Welkeerregern.

Da im Hausgarten keine Heilung befallener Pflanzen möglich ist, müssen diese aus dem Beet entfernt und vernichtet werden. Dabei muss der die Wurzeln umgebende Boden möglichst großzügig ausgegraben werden, um die Dauerorgane der Erreger aus der Pflanzfläche zu entfernen. Hochanfällige Sommerblumen wie Sommerastern, *Callistephus chinensis*, sollten jedes Jahr auf einer anderen Fläche gepflanzt werden. Der Handel bietet inzwischen Sorten wie die 'Standy'-Mischung an, die gegen die Welkeerreger widerstandsfähiger sind.

Kümmerwuchs und Deformation

Wurzelnematoden (siehe Seite 32f.) können auch die Wurzeln krautiger Pflanzen besiedeln und zu Wachstumsminderungen an ihren Wirten führen. Große Probleme bereiten **Stock**- und **Stängelälchen,** *Ditylenchus dipsaci*, an Staudenphlox, *Phlox paniculata*. Die Tiere besiedeln ihre Wirtspflanzen meist über die Wurzel und ernähren sich im Pflanzengewebe lebend durch das Besaugen von Zellen. Die Pflanzen reagieren mit Wachstumsstockungen, Sprossverkrümmungen und atypisch schmalen Blättern. Nach dem Absterben der Wirtspflanze ziehen sich die Nematoden in den Boden zurück.

Blattdeformationen durch Fadenwürmer an einer Flammenblume.

Eine direkte Bekämpfung ist im Hausgarten nicht möglich. Besiedelte Pflanzen müssen mit den Wurzeln und dem umgebenden Boden entfernt werden. Früher wurde oft empfohlen, Staudenphlox durch Wurzelschnittlinge zu vermehren. Dadurch sollte die Verschleppung der Stängelälchen verhindert werden. In neueren Untersuchungen hat sich diese Methode jedoch als nicht wirksam erwiesen.

Die sehr kleinen **Weichhautmilben**, *Tarsonemidae,* (siehe Seite 36) verursachen an krautigen Pflanzen Verkrüppelungen der Laub- und Blütenblätter. Die nur etwa 0,2 mm großen Tiere halten sich in Knospen oder dichten Pflanzenbehaarungen auf, wo sie das Gewebe besaugen.

Die Weichhautmilbe ist wegen ihrer versteckten Lebensweise

kaum zu bekämpfen. Besiedelte Blätter sollten entfernt und vernichtet werden. Derzeit sind keine Akarizide zur Bekämpfung von Weichhautmilben ausgewiesen, manche Insektizide besitzen jedoch eine Nebenwirkung gegen diese Schädlinge.

An manchen Arten, wie zum Beispiel den Sommerastern, *Callistephus chinensis*, verursachen **Blattläuse** (siehe Seite 39ff.) auffällige Blattverfärbungen und Deformationen.

Sollen solche versteckt lebenden Läusearten bekämpft werden, müssen systemisch wirkende Insektizide (siehe Seite 176ff.) eingesetzt werden.

An Veilchen, *Viola odorata*, sind gelegentlich auffallend verdickte und spröde Blätter zu finden, die sich nicht entfaltet haben. Geschützt in dieser Blattrolle entwickelt sich die bis 2 mm

Starke Deformationen des Austriebs der Flammenblume durch Fadenwürmer.

Blattrandrollung durch Gallmückenbesatz an einem Veilchen.

Echter Mehltau an einer Flammenblume.

große Larve der **Veilchenblattrollmücke**, *Dasineura affinis*, die sich hier auch verpuppt. Es entwickeln sich meist vier Generationen im Jahr.

Zur Bekämpfung genügt das Abpflücken und Vernichten besiedelter Blätter.

Blattflecken und -beläge

In feuchten Jahren oder in sehr dichten Staudenbeständen können **Falsche Mehltaupilze** (siehe Seite 26f.) die meisten Staudenarten befallen. Besonders oft sind Falsche Mehltaupilze an Schafgarben, Glockenblumen, Mohn, Primeln oder Geranien zu finden. Auf der Oberseite verfärbt sich das Blattgewebe gelb oder braun, die verfärbten Bereiche sind meist von Blattadern begrenzt. Auf der Blattunterseite sind bei ausreichender Feuchtigkeit die Konidienträger als grauer Flaum zu finden.

Massives Auftreten von Falschen Mehltaupilzen kann ein Hinweis auf zu dicht gewordene Staudenpflanzungen sein. Die Erreger können durch wiederholten Fungizideinsatz (siehe Seite 165ff.) bekämpft werden.

Echte Mehltaupilze (siehe Seite 27ff.) befallen die meisten krautigen Zierpflanzen. Die Erreger sind aber auf eng begrenzte Wirtspflanzengruppen spezialisiert, sodass die Übertragung auf Pflanzen einer anderen Art nicht unbedingt zu befürchten ist. Anfällig für den Echten Mehltau, *Erysiphe cichoracearum*, sind vor allem Glattblattastern, *Aster novi-belgii*, und Kissenastern, *Aster dumosus*. Besonders auf trockenen Böden können die Pflanzen schon sehr früh im Jahr von den weißen Mehltaubelägen bedeckt sein.

Ausgewogene Wasserversorgung und regelmäßiges Teilen der Pflanzen erhöht deren Widerstandsfähigkeit. Sobald die ersten Symptome auftreten, können wiederholt Fungizide (siehe Seite 165ff.) im Abstand von etwa zwei Wochen eingesetzt werden.

Einige Stauden- und Sommerblumenarten leiden regelmäßig unter starkem Befall durch **Rostpilze**. Es kann sich um wirtsstete Rostpilzarten wie *Puccinia malvacearum* an den Blättern, Stängeln und Blütenknospen der Stockrosen, *Alcea rosea*, und anderen Malvengewächsen oder auch um *Puccinia* sp. an Gänseblümchen, *Bellis perennis*, handeln.

Um der Krankheitsausbreitung während der Vegetationsperiode die Grundlage zu entziehen, sollten die Blätter im Frühjahr auf Rostpusteln kontrolliert und gegebenenfalls entfernt werden. Handelt es sich um wirtswechselnde Rostpilze wie *Cronartium flaccidum* an der Pfingstrose, *Paeonia officinalis*, der auf Kiefern überwintert, kann durch Trennung der beiden Wirtspflanzenarten der Befallsdruck zumindest reduziert werden. Fungizide (siehe Seite 165ff.) gegen Rostpilze müssen frühzeitig eingesetzt werden.

Gelbe Blattflecken durch Rost an einer Stockrose.

Blattfleckenkrankheit Cladosporium an einer Pfingstrose.

Blattfleckenkrankheit Entyloma an einer Dahlie.

An Stauden und Einjahresblumen treten zahlreiche **Blattfleckenpilze** der Gattungen *Alternaria*, *Entyloma*, *Cladosporium*, *Phyllosticta* und *Septoria* auf. Nekrosen auf den Blattspreiten können auch von Bakterien, meist von *Pseudomonas*-Arten, verursacht werden. Waren Bakterien für die Schäden verantwortlich, sind die Flecken zumindest im Anfangsstadium wässrig durchscheinend. Oft ist die Unterscheidung zwischen pilzlichem und bakteriellem Erreger nicht einfach. Nur wenn die Sporenpusteln auf der Blattunterseite schon ausgebildet wurden, ist eine sichere Einordnung als Pilzkrankheit möglich.

Für die Bekämpfung ist die Entscheidung zwischen Pilz- und Bakterienkrankheit aber maßgeblich, um die richtigen Wirkstoffe auswählen zu können. Für den Einsatz bei Zierpflanzen stehen derzeit allerdings gegen keine der genannten Erregergruppen Präparate zur Verfügung.

Fraßschäden an Blättern
Schmetterlingsraupen, **Blattwespen**- oder **Käferlarven** (siehe Seite 46ff.) sind häufig an Stauden oder Sommerblumen zu finden und können meist mit wenig Aufwand abgesammelt werden. In größeren Pflanzungen ist der Einsatz von Insektiziden (siehe Seite 166ff.) beim ersten Auftreten der Schädlinge möglich.

Schnecken (siehe Seite 34ff.) sind wenig wählerisch und fressen an nahezu allen Pflanzenarten. Unter den Stauden ziehen weichlaubige Arten wie Greiskraut, *Ligularia* sp., oder Funkien, *Hosta* sp., die Schnecken regelrecht an.

Unter den Funkien gibt es Sorten, die weniger von den Schnecken befressen werden. Dazu gehören zum Beispiel die Hybriden 'Blue Angel', 'Gold

Lilienhähnchen auf einer Blütenknospe.

Fraßbild einer Minierfliegenlarve an einem Flockenblumenblatt.

Standard' und 'Wide Prim', *Hosta fortunei* 'Aureomarginata' oder *Hosta sieboldiana* 'Elegans'. Schnecken können durch mechanische Barrieren von ihren Fraßpflanzen abgehalten oder biologisch beziehungsweise chemisch bekämpft werden (siehe Seite 182).

An Lilien schädigen häufig **Lilienhähnchen**, *Lilioceris lilii*. Die roten, etwa 8 mm großen Käfer verlassen schon Ende März ihre Winterquartiere und beginnen an Lilien zu fressen. Sie legen ihre Eier an ihren Wirtspflanzen ab, die mit dunklem Schleim und Kot bedeckten Larven fressen ebenfalls an den Blättern und den Knospen. Sie verpuppen sich nach etwa zwei Wochen im Boden. Es können sich bis zu drei Generationen im Jahr entwickeln.

Die Käfer und Larven können abgesammelt oder mit Insektiziden (siehe Seite 166ff.) bekämpft werden.

Minierfliegen, *Agromyzidae*, besiedeln viele Staudenarten, ihre Larven verursachen sehr auffällige Gangminen im Laub.

Blattdeformationen durch Blattläuse an einer Sommeraster.

Durch Grauschimmel abgetötete Blüte einer Knollenbegonie.

Der Schaden für die Pflanze hält sich aber in den meisten Fällen in Grenzen, besiedelte Blätter können abgepflückt und vernichtet werden.

Saugschäden an Blättern
In heißen und trockenen Lagen können **Spinnmilben** (siehe Seite 37f.) Stauden und Sommerblumen schädigen. Durch die Saugtätigkeit der Milben auf der Blattunterseite werden die Blätter fahl und können absterben.

Blattläuse, **Mottenschildläuse**, **Zikaden**, **Wanzen** und **Thripse** (siehe Seite 39ff.) schädigen viele Stauden und Sommerblumen durch ihre Saugtätigkeit. In der Folge können die Blätter vergilben und absterben.

Schäden an Knospen und Blüten
Der **Grauschimmelpilz**, *Botrytis cinerea* (siehe Seite 31), kann als allgegenwärtiger Besiedler organischen Materials gelegentlich auch an Stauden und Sommerblumen Schäden verursachen. Häufig werden die Blüten oder Blütenknospen befallen und sterben ab. Besonders gefährdet sind stark gefüllte Blüten in nassen Witterungsperioden, die dann nur sehr langsam abtrocknen. Aber auch die frischen, noch weichen Austriebe der Stauden können leicht vom Grauschimmelpilz befallen und abgetötet werden.

Der Infektionsdruck kann durch Hygienemaßnahmen wie das Entfernen abgestorbener Blätter, Blüten und Triebe aus der Pflanzung reduziert werden. Reicht dies zur Eindämmung des Grauschimmelbefalls nicht aus, können Fungizide (siehe Seite 165ff.) eingesetzt werden.

Flächige Absterbeerscheinungen

Rasengräser können unter ungünstigen Wachstumsbedingungen von verschiedenen Pilzkrankheiten befallen werden. Es handelt sich meist um **Schneeschimmel**, *Microdochium nivale*, **Typhula-Fäule**, *Typhula incarnata*, oder **Rotspitzigkeit**, *Laetisaria fuciformis*. In der Rasenfläche sind dann mehr oder weniger große, meist annähernd kreisrunde Bereiche zu finden, in denen die Gräser kümmern oder ganz absterben. Kreisförmig im Rasen erscheinende Hutpilze werden als **Hexenringe** bezeichnet, die häufig kaum nachteilige Wirkung auf die Gräser haben, deren Fruchtkörper aber störend sind.

Ein Hexenring im Rasen.

Schäden durch Pilzkrankheiten treten meist nur zeitlich begrenzt, auf verdichteten Böden oder auf stark verfilzten Rasenflächen auf.

Direkte Bekämpfungsmaßnahmen durch den Einsatz von Fungiziden sind daher in der Regel nicht angebracht. Vielmehr muss durch Verbesserung der Wachstumsbedingungen für die Rasengräser deren Widerstandskraft gestärkt werden. Durch Vertikutieren (Rasenfilz wird aufgerissen und entfernt), Aerifizieren (in den Boden gestochene Löcher werden mit Sand verfüllt) und Besanden der betroffenen Flächen können die Krankheiten oft zurückgedrängt werden. Stark befallene Bereiche sollten großzügig ausgegraben werden.

Rasenflächen können auch durch das Auftreten von **Maikäferengerlingen** (siehe Seite 51) und Larven der **Wiesenschnake**, *Tipula paludosa*, geschädigt werden. Die erwachsenen, bis 30 mm großen langbeinigen Schnaken sind auf Rasen- und Wiesenflächen oft zu finden. Aus den in feuchte, lockere Böden abgelegten Eiern entwickeln sich schmutziggraue, bis 40 mm große beinlose Larven. Diese ernähren sich von abgestorbenem organischen Material, befressen aber auch die Gräserwurzeln und können bei Massenauftreten zum Absterben größerer Rasenflächen führen. Nachts und an trüben Tagen kommen die Larven an die

Abgestorbene Rasengräser durch Rotspitzigkeit.

Oberfläche und fressen dort an oberirdischen Pflanzenteilen.

Die Bekämpfung der Wiesenschnakenlarven kann auf kleinen Flächen durch Absammeln der Tiere an feuchten Tagen durchgeführt werden. Dann können auch Insektizide (siehe Seite 166ff.) eingesetzt werden.

Unerwünschte Kräuter und Moose

Die größten Probleme bereiten auf Rasenflächen aber **unerwünschte Kräuter und Moose**, die die Rasengräser verdrängen. Vor Bekämpfungsmaßnahmen müssen zunächst die Bedingungen festgestellt werden, die zu einer übermäßigen Ausbreitung der Moose oder Kräuter geführt haben. Grundsätzlich können sich unerwünschte Kräuter und Moose nur dort ausbreiten, wo die Rasengräser durch ungünstige Standortbedingungen konkurrenzschwach sind. Moose können nicht nur auf sauren Böden wachsen, die Kalkung der Rasenfläche kann das Problem also nicht immer lösen. Häufig ist verdichteter Boden mit staunassen Bereichen der Auslöser für übermäßige Moosausbreitung. Auf stark beschatteten Flächen müssen spezielle Gräsermischungen für die Ansaat verwendet werden. Die darin enthaltenen Gräserarten sind auch bei stärkerer Beschattung noch ausreichend konkurrenzfähig und können Moose und Kräuter an der Ausbreitung hindern.

Durch die an die Verhältnisse im Garten und die Bedürfnisse der Gräsermischung angepasste Schnitthäufigkeit, Schnitthöhe und Nährstoffversorgung kann die Konkurrenzkraft der Gräser erhalten werden. Wurden die für die Rasengräser ungünstigen Wachstumsbedingungen durch Vertikutieren, Aerifizieren oder Besanden beseitigt, können die unerwünschten Beipflanzen durch den Einsatz von meist mit Düngern kombinierten Präparaten (siehe Seite 185) bekämpft werden.

Unkrautbekämpfung im Garten

Die Bekämpfung **unerwünschter Beikräuter** in Pflanzungen sollte im Garten möglichst mechanisch erfolgen. Kleine Sämlinge können durch Hacken bei trockener Witterung zum Absterben gebracht werden, größere Pflanzen oder Wurzelunkräuter müssen gejätet werden. Hartnäckige Wurzel- oder Rhizomunkräuter wie Giersch – *Aegopdium podagraria*, Ackerwinde – *Convulvulus arvensis*, oder Quecke – *Agropyron repens*, müssen möglichst mit den gesamten unterirdischen Organen entfernt werden. Ist dies in bestehenden Pflanzungen nicht möglich, können die Pflanzen durch wiederholtes Entfernen der oberirdischen Pflanzenorgane in möglichst kurzen Zeitabständen auch „ausgehungert" werden. Im Gemüsegarten und bei der Neuanlage von Stauden- und Gehölzpflanzungen können zumindest Samenunkräuter durch die Verwendung von Mulchmaterialien gut unterdrückt werden. In Ausnahmefällen können auch Herbizide (siehe Seite 186) eingesetzt werden.

Links: Rindenmulch zur Abdeckung des Bodens in Pflanzungen.
Unten: Einsatz von Mulchfolie im Gemüseanbau.

Zimmerpflanzen, Wintergarten, Kleingewächshaus

Auf der Substratoberfläche von Topf- und Kübelpflanzen können oft kleine, weiße, beim Gießen hochspringende Tiere gefunden werden. Es handelt sich um **Springschwänze,** *Collembola,* die sich vor allem von vermoderndem organischen Material ernähren, bei Massenauftreten aber auch Feinwurzeln befressen. Die nur etwa 1 mm großen, flügellosen Tiere vermehren sich in feuchten Substraten massenhaft.

Werden die Topfpflanzen trockener gehalten, geht der Besatz auf ein unschädliches Maß zurück. Direkte Bekämpfungsmaßnahmen sind nicht notwendig.

Manchmal treten im Zimmer kleine, nur etwa 2 bis 3 mm große, dunkel gefärbte Mücken auf, die taumelnd umherfliegen. Die Larven dieser **Trauermücken**, *Lycoriidae*, entwickeln sich in humosen Substraten, wo sie sich von abgestorbenen organischen Materialien ernähren. Treten sie allerdings in Massen

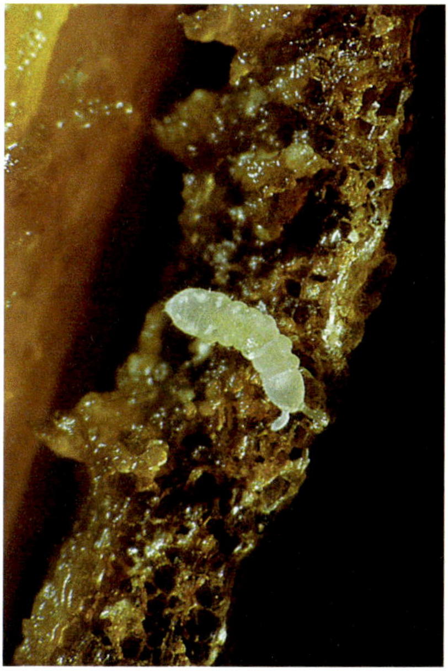

Springschwanz.

Trauermücke.

Trauermückenlarven an einer Wurzeln.

Gelbtafel zum Abfangen von Trauermücken.

auf, fressen sie an Pflanzenwurzeln und können so vor allem in Saatkisten und an Jungpflanzen große Schäden anrichten. Die bis 10 mm langen, beinlosen, weißen Larven mit schwarzer Kopfkapsel verpuppen sich im Boden, die Entwicklung vom Ei zur erwachsenen Mücke ist schon nach etwa drei Wochen abgeschlossen.

[!] Werden die Topfpflanzen etwas trockener kultiviert, treten Trauermücken weniger auf. Beleimte Gelbtafeln können die erwachsenen Mücken abfangen. Bei Massenauftreten reicht dies zur Bekämpfung aber nicht aus. Gegen die Larven können Nematoden eingesetzt werden, die mit dem Gießwasser in das Substrat eingebracht werden. Sie dringen in die Trauermückenlarven ein und übertragen ein tödlich wirkendes Bakterium. Seit einigen Jahren ist auch die Raubmilbenart, *Hypoaspis miles*, im Handel erhältlich, die die Trauermückenlarven im Boden erbeutet.

An Pflanzen im Zimmer, Wintergarten und Kleingewächshaus kommen außerdem praktisch alle auch im Freiland schädigenden Organismen vor. Sie können mit den zur Verfügung stehenden Pflanzenschutzmitteln bekämpft werden. Spinnmilben, Mottenschildläuse und Schildläuse werden durch den Einsatz von Blattglanzsprays stark geschädigt.

Viele tierische Schädlinge können in Räumen durch Nützlinge dezimiert werden.

Eigelege der Florfliege

Schwebfliege.

Für den Einsatz unter Glas geeignete Nützlinge.

Schädling	Nützling	begrenzender Faktor
Spinnmilben	Raubmilbe (*Phytoseiolus persimilis*) Florfliege (*Chrysoperla carnea*)	Luftfeuchte
Blattläuse	Florfliege (*Chrysoperla carnea*) Räuberische Gallmücke (*Aphidoletes aphidimyza*) Schwebfliege (*Episyrphus balteatus*)	Luftfeuchte, Tageslänge
Woll- und Schmierläuse	Australischer Marienkäfer (*Cryptolaemus montrouzieri*) Schlupfwespen (*Leptomastix* sp. und *Leptomastidea* sp.)	Luftfeuchte Luftfeuchte, hohe Artspezifität
Schildläuse	Marienkäfer (*Chilocorus* sp.) div. Schlupfwespenarten	Tageslänge Tageslänge, hohe Artspezifität
Mottenschildläuse	Schlupfwespe (*Encarsia formosa*)	Tageslänge
Thripse	Florfliege (*Chrysoperla carnea*) Raubmilbe (*Amblyseius cucumeris*)	Luftfeuchte
Dickmaulrüßler	Nematoden (*Heterorhabditis* sp. oder *Steinernema* sp.)	Bodentemperatur
Trauermücken	Nematoden (*Steinernema feltiae*) Raubmilbe (*Hypoaspis miles*)	Bodentemperatur

Marienkäferlarve.

Schwebfliegenlarve.

Anwendung von Pflanzenschutzmitteln im Hausgarten

Wurde an der geschädigten Pflanze ein Schaderreger nachgewiesen, ist zunächst zu klären, ob **Kulturfehler** das Auftreten des Erregers begünstigt haben. Bevor der Einsatz von Pflanzenschutzmitteln erwogen wird, müssen alle anderen Maßnahmen zur Begrenzung der Schaderreger wie Sortenwahl, Kulturtechnik und biologische oder biotechnische Methoden ausgeschöpft werden.

Sollen nur **Zimmer-, Balkon- oder Kübelpflanzen** behandelt werden, bietet sich der Einsatz **anwendungsfertiger Sprays** an. Für diesen Bereich sind auch **Pflanzenschutzstäbchen** zur Bekämpfung saugender Schädlinge entwickelt worden, die in das Substrat gesteckt werden. Die Stäbchen geben den insektiziden Wirkstoff langsam ab, der dann von den Pflanzenwurzeln aufgenommen und im Saftstrom transportiert wird. Die Wirkungsdauer dieser Stäbchen beträgt etwa vier bis sechs Wochen. Ähnlich wirken insektizide Granulate, die in das Topfsubstrat eingearbeitet werden.

Ebenfalls zur Einzelpflanzenbehandlung sind Pflaster auf dem Markt, die an der Basis einzelner, dünnrindiger Triebe von Rosen oder Topf- und Kübelpflanzen angebracht werden. Der insektizide Wirkstoff wird dann langsam aufgenommen und kann die behandelten Pflanzen einige Wochen vor saugenden Insekten schützen.

Um **Pflanzenschutzmittel im Garten** sachgerecht ausbringen zu können, ist eine **Grundausstattung an Geräten** erforderlich. Der Fachhandel bietet tragbare Pflanzenschutzspritzen zwischen 3 und 20 Liter Füllmenge an, zu denen passende Verlängerungsrohre angeboten werden. Dosierhilfen wie Messbecher in verschiedenen Größen und eine genaue Waage sind zum exakten Abmessen der oft sehr kleinen Mengeneinheiten unverzichtbar. Beim Ansetzen und Ausbringen der Spritzbrühe müssen Schutzhandschuhe und möglichst auch Schutzkleidung getragen werden. Eimer, Trichter und Rührstäbe vervollständigen die Grundausstattung. Zur Ausbringung blattwirksamer Herbizide in Pflanzungen sollte ein Spritzschirm eingesetzt werden.

Die **Witterung** zum Zeitpunkt der Ausbringung hat einen entscheidenden Einfluss auf die Wirksamkeit der Pflanzenschutzmaßnahme. Spritzungen dürfen nicht bei windigem oder sehr heißem, sonnigen Wetter durchgeführt werden. Sonst muss mit übermäßiger Abdrift beziehungsweise Verdunsten des feinen Spritznebels vor dem Auftreffen auf der zu behandelnden Pflanze gerechnet werden. Vor der Behandlung muss das Laub der Pflanzen trocken sein, der Pflanzenschutzmittelbelag muss auf der Pflanzenoberfläche antrocknen können. Wird ein Wirkstoff sehr häufig eingesetzt, werden schnell resistente Schadorganismenpopulationen selektiert. Das Präparat verliert dadurch seine Wirksamkeit. Durch regelmäßigen Wirkstoffwechsel kann die Wirksamkeit der Präparate langfristig erhalten werden. Insbesondere bei der in der Regel recht häufig im Jahr durchzuführenden Bekämpfung von Spinnmilben und Blattläusen sowie der Pilzkrankheiten Echter Mehltau, Sternrußtau, Rost und

Schorf ist ein Wirkstoffwechsel dringend zu empfehlen.

Im **Obst- und Gemüseanbau** ist besonders zurückhaltend mit den Präparaten umzugehen, da das behandelte Erntegut verzehrt werden soll. Für Pflanzenschutzmittel, die in Obst- oder Gemüsekulturen zugelassen sind, werden von amtlicher Seite **Wartezeiten** bestimmt. Sie sagen aus, wie viele Tage vor der Ernte ein Präparat in der jeweiligen Kultur mit der zugelassenen Anwendungskonzentration eingesetzt werden kann, ohne dass gesundheitlich bedenkliche Pflanzenschutzmittelrückstände auf dem Erntegut zurückbleiben.

In diesem Zusammenhang müssen die festgelegten Anwendungsbedingungen beachtet werden. Keinesfalls kann aus einer nicht festgesetzten Wartezeit geschlossen werden, dass der Wirkstoff bezüglich seiner Rückstände völlig unproblematisch ist. Bei manchen Präparaten wurden nur deshalb keine Wartezeiten festgelegt (Kennzeichnung F), weil die Anwendung nur zu einem sehr frühen Zeitpunkt – z. B. vor der Blütezeit – erlaubt ist und dadurch ein sehr langer Zeitraum zwischen Applikation des Pflanzenschutzmittels und dem Verzehr des Erntegutes gewährleistet ist.

Diese Wartezeit ist aber auch dann zu beachten, wenn bei der Behandlung von Zierpflanzen eine Abdrift des Spritzmittels auf Obst- oder Gemüsekulturen nicht zu vermeiden ist. Obst- oder Gemüsekulturen können zum Beispiel während der Spritzung benachbarter Ziergehölze mit Folie abgedeckt werden und so vor einer unbeabsichtigten Kontamination mit Pflanzenschutzmitteln geschützt werden.

Bevor Pflanzenschutzmittel in den Handel kommen, werden sie umfangreichen Prüfungen unterzogen. Dabei werden neben der Wirksamkeit vor allem umweltrelevante Daten (Auswirkung auf

Pflanzenschutzausrüstung für den Hobbygärtner.

Nützlinge, Wasserorganismen, Belastung des Grundwassers, etc.) untersucht. Aus diesen Untersuchungen resultieren dann **Auflagen**, die beim Einsatz des Präparates zu beachten sind.

In den Zulassungsbescheiden werden die Kulturen und Schaderreger genannt, gegen die das Präparat geprüft und zugelassen wurde. Hier sind auch detailliert die Anwendungsbedingungen festgelegt, unter denen ein Einsatz erlaubt ist. Der Einsatz von Pflanzenschutzmitteln in anderen Kulturen, gegen andere Schaderreger oder unter anderen Anwendungsbedingungen als in der Zulassung genannt ist verboten! Dadurch ist es nicht mehr möglich, Präparate mit einer Ausweisung gegen Blattläuse in Gemüse grundsätzlich auch in Zierpflanzen einzusetzen. Bei Gemüse und Zierpflanzen ist auch die Unterscheidung zwischen Gewächshaus und Freiland wichtig. Wie wichtig das genaue Studium der Gebrauchsanleitung sein kann, zeigt das Beispiel der pyrethrumhaltigen Spritzpräparate. Sollen sie in Zierpflanzen im Freiland eingesetzt werden, dürfen die zu behandelnden Pflanze nicht höher als 50 cm sein.

Sollen nun z. B. Blattläuse bekämpft werden, können auch für übergeordnete Indikationen zugelassene Pflanzenschutzmittel eingesetzt werden – in diesem Fall Präparate, die gegen saugende Insekten ausgewiesen sind. Außerdem dürfen die für die Anwendung in Kern- und Steinobst bzw. Apfel, Kirsche und Pflaume ausgewiesenen Mittel auch in den Zierformen dieser Gehölze eingesetzt werden. Ziergehölze werden als Untergruppe innerhalb der Zierpflanzen betrachtet, so dass Präparate mit einer Ausweisung in Zierpflanzen im Freiland auch in Ziergehölzen eingesetzt werden dürfen (nicht umgekehrt!). Einige Krankheiten und Schädlinge können allerdings derzeit mangels ausgewiesener Präparate nicht mehr bekämpft werden.

Außerdem legt die Zulassungsbehörde fest, ob ein Pflanzenschutzmittel für den Einsatz im Haus- und Kleingarten geeignet ist. Solche Präparate werden mit der Angabe „Anwendung im Haus- und Kleingarten zulässig" gekennzeichnet, Präparate ohne diese Kennzeichnung dürfen im Hobbygarten nicht verwendet werden. Für die Beurteilung der Eignung für Hobby- und Kleingärtner werden sowohl in der Art des Wirkstoffes begründete Kriterien als auch die Anwendung des Mittels betreffende Faktoren herangezogen. Grundsätzlich nicht geeignet sind solche Präparate, die als sehr giftig (T+) oder ätzend (C) eingestuft sind. Als giftig (T) eingestufte Pflanzenschutzmittel können für den Haus- und Kleingarten geeignet sein, wenn diese Einstufung nicht aufgrund Krebs erzeugender, Erbgut verändernder oder Fortpflanzung gefährdender Eigenschaften erfolgt ist. Allerdings müssen solche Präparate ebenso wie die als gesundheitsschädlich (Xn) oder reizend (Xi) eingestuften Mittel dahingehend überprüft werden, ob durch die Art der Formulierung, Dosiereinrichtung, Verpackung und Anwendeform eine Gefährdung von Mensch, Tier, Naturhaushalt und Grundwasser ausgeschlossen ist. Für die Anwendung in Innenräumen ausgewiesene Präparate dürfen keine nachhaltige Belastung der Innenraumluft nach sich ziehen.

Außerdem wurden Kriterien für die Dosierfähigkeit des Präparates festgelegt. So muss grundsätzlich eine Dosiergenauigkeit von ± 10% gewährleistet sein. Das Dosiersystem muss so beschaffen sein, dass eine Gefährdung des Anwenders bei bestimmungsgemäßer und sachgerechter Anwendung ausgeschlossen ist. Schließlich hat auch die Packungsgröße einen Einfluß auf die Eignung für den Haus- und Kleingarten. So dürfen mit der größten Packungseinheit von Haus- und Kleingartenpräparaten nicht mehr als 500 m^2 (berechnet bei niedrigster Aufwandmenge) behandelt werden können; zusätzlich ist aber eine weitere, für eine kleinere Fläche ausreichende Packung anzubieten.

Die folgenden Tabellen sollen lediglich einen Überblick über die für den Hausgarten geeigneten Wirkstoffe und Präparate geben, wichtige Einzelheiten zur Anwendung, Sicherheitshinweise und Anwendungsbeschränkungen müssen den Angaben auf der Packung entnommen werden. Da laufend neue Präparate zugelassen werden, gleichzeitig aber auch Zulassungen beendet werden, sind die folgenden Tabellen nur Momentaufnahmen (Zulassungsstand: 2. Juli 2003) und müssen laufend fortgeschrieben werden. Die aktuelle Zulassungssituation kann im Internet unter http://www.brl.bund.de pflanzenschutz/psmdstart.htm abgerufen werden.

Präparate zur Bekämpfung von Pilzkrankheiten
Fungizide Wirkstoffe und Handelspräparate (Auswahl)

Wirkstoff	Präparate	B	GS	NO
Azoxystrobin	Ortiva	B4		+
	Rosen-Pilzfrei Boccacio	B4		+
Bitertanol	Baycor-Spritzpulver	B4		+/–
	Spezial Pilz-frei Monizin	B4		+/–
	Baymat Rosenspray	B4		+
	COMPO Rosen-Spray	B4		+
	Baymat flüssig	B4	Xi	+
	Baymat Rosenspritzmittel	B4	Xi	+
Cyprodinil + Fludioxinil	SWITCH	B4		+/–
	Erdbeerspritzmittel Botrysan	B4		+/–
Fenarimol	Pflanzen Paral Pilz-Frei N	B4		+
	Pilzfrei Saprol	B4		+
Fenhexamid	Teldor	B4		+
Fosetyl	Aliette WG	B4		+
	Spezial-Pilzfrei Aliette	B4		+
Kupferoktanoat	Cueva Wein-Pilzschutz	B4		+/–
	Cueva	B4		+/–
Kupferoxychlorid	Funguran	B4		+/–
	Obst- und Gemüsespritzmittel	B4		+/–
Lecithin	BioBlatt Mehltaumittel	B4	Xi	+/–
	BioBlatt Mehltauspray	B4		+/–
	Chrysal Mehltauspray	B4		+/–
	Bio Myctan Spinnmilbenfrei[1]	B3		–
Mancozeb	Dithane Neo Tec	B4	Xn	+/–
	Dithane Ultra WG Spiess Urania	B4	Xn	+/–
Maneb	TRIMANGOL	B4	Xn	+
	BASF-Maneb-Spritzpulver	B4	Xn	–
	Maneb „Schacht"	B4	Xn	–
Metiram	Polyram WG	B4	Xi	+/–
	Gemüse-Spritzmittel Polyram WG	B4	Xi	+/–
Propineb	Antracol WG	B4		+/–
Netzschwefel	THIOVIT JET	B4	Xi	+/–
	Asulfa Jet	B4	Xi	+/–
	Kumulus WG	B4		+/–
	Netz-Schwefelit WG	B4		+/–

B: Wirkung auf Bienen.
B3: Aufgrund der durch die Zulassung festgelegten Anwendungen des Mittels werden Bienen nicht gefährdet.
B4: Das Mittel wird bis zur höchsten durch die Zulassung festgelegten Aufwandmenge bzw. Anwendungskonzentration als nicht bienengefährlich eingestuft.

GS: Gefahrensymbole.
Xn: gesundheitsschädlich, Xi: reizend.
NO: Wirkung auf Nutzorganismen.
+: schont Nützlinge, +/–: schädigt manche Nützlinge,
–: schädigt die meisten Nützlinge.
[1] Kombipräparat mit Piperonylbutoxid und Pyrethrine

Präparate zur Bekämpfung von Schadtieren
Akarizide und insektizide Wirkstoffe und Handelspräparate (Auswahl)

Wirkstoff	Präparate	B	GS	NO
Apfelwickler-Granulose-virus	MADEX 3	B4		+
Azadirachtin	NeemAzal-T/S	B4		+/–
	Schädlingsfrei Neem	B4		+/–
Bacillus thuringiensis	Dipel 2 X	B4		+
	Neudorffs Raupenspritzmittel	B4		+
	XenTari	B4	Xi	+
Chlorpyrifos	Insekten-Streumittel NEXION NEU	B3		–
	Dursban fest	B3		–
Codlemone + Cyfluthrin	Appeal	B3		+
Dimethoat	PERFEKTHION	B1	Xn	–
	Insekten-Spritzmittel Roxion	B1	Xn	–
	Rogor	B1	Xn	–
	Insektenspritzmittel Rogor	B1	Xn	–
	COMPO Zierpflanzen-Spray D	B1	F+	–
	Gabi Pflanzenspray	B1	F+	–
	Rosen-Pflaster	B3		+
	Blattlausfrei-Pflaster	B3		+
	Etisso Combi-Sticks	B3		+
	Combi-Stäbchen	B3		+
Imidacloprid	Provado 5 WG	B1		–
	Lizetan Neu Zierpflanzenspray	B1	F+	–
	Lizetan-Combistäbchen	B3		+
	Combi-Stäbchen Hortex Plus	B3		+
	Lizetan Kombigranulat[1)]	B3		+
Imidacloprid + Methiocarb	Lizetan Plus Zierpflanzenspray	B1	F+	–
	Provado Gartenspray	B1	F+	–
Kali-Seife	Neudosan NEU Blattlausfrei	B4		+/–
	Neudosan Neu	B4		+/–
	Neudosan AF Neu Blattlausfrei	B4		+
	Blusana Pflanzen Sprühmittel	B4		+
Lecithin + Piperonyl-butoxid + Pyrethrine	Bio Myctan Spinnmilbenfrei	B3		–
Methoxyfenozide	Runner	B4		+

Akarizide und insektizide Wirkstoffe und Handelspräparate (Auswahl, Forts.)

Wirkstoff	Präparate	B	GS	NO
Mineralöle	Promanal Neu	B4		+/–
	OLIOCIN Austriebsspritzmittel	B4		+/1
	ELEFANT-SOMMERÖL	B4		+/–
	Kontralineum	B4		+/–
	Promanal AF Neu Schild- und Woll-lausfrei	B3		+/–
	Chrysal Schildlaus-Pumpspray Neu	B3		+/–
Oxydemeton-methyl	Metasystox R Spezial	B1	Xn	–
Piperonylbutoxid + Pyrethrine	Herba-Vetyl neu flüssig[2)]	B4		–
	Pyreth[2)]	B4		–
	Spruzit-Gartenspray	B4		–
	COMPO Insekten-Spray	B4		–
	CHRYSAL Pflanzenspray	B3		–
	Pflanzenspray Hortex Neu	B1		–
	egesa-Pflanzen-Insekten-Spray	B1		–
	Spruzit-Staub	B4		–
	Detia Pflanzen-Universal-Staub	B4		–
Pyrethrine + Rapsöl	Spruzit Neu[2)]	B4	Xi	–
	Spruzit Schädlingsfrei[2)]	B4	Xi	–
	Spruzit AF Schädlingsfrei	B4	Xi	–
	Raptol Schädlingsspray	B4	Xi	–
Rapsöl	MICULA	B4		+
	Schädlingsfrei Naturen	B4		+
	SCHÄDLINGSFREI NATUREN AF	B4		+/–
	Pflanzen Paral Schädlings-Frei S	B4		+/–

B: Wirkung auf Bienen.
B1: Das Mittel ist bienengefährlich, Bienenschutzverordnung beachten.
B3: Aufgrund der durch die Zulassung festgelegten Anwendungen des Mittels werden Bienen nicht gefährdet.
B4: Das Mittel wird bis zur höchsten durch die Zulassung festgelegten Aufwandmenge bzw. Anwendungskonzentration als nicht bienengefährlich eingestuft.

GS: Gefahrensymbole.
F+: hoch entzündlich.
Xn: gesundheitsschädlich.
Xi: reizend
NO: Wirkung auf Nutzorganismen.
+: schont Nützlinge.
+/–: schädigt manche Nützlinge.
–: schädigt die meisten Nützlinge
1): Granulat zum Einarbeiten in das Topfsubstrat
2): Zierpflanzen im Freiland dürfen nur bis 50 cm Wuchshöhe behandelt werden!

Anwendungsgebiete und Wartezeiten in Tagen der bei Gemüse ausgewiesenen Fungizide

Kultur	Schaderreger	**Wirkstoff: Präparatebeispiel**	Azoxystrobin: Ortiva	Fenhexamid: Teldor	Fosetyl: Aliette	Kupferoktanoat: Cueva	Kupferoxychlorid: Funguran	Lecithin: BioBlatt-Mehltaumittel	Mancozeb: Dithane NeoTec	Maneb: Maneb WP	Metiram: Polyram WG	Propineb: Antracol WG	Schwefel: Kumulus WG
Tomate Fl	Kraut- und Braunfäule					7	7			14		7	
	Blattflecken *(Septoria)*						7						
	Dürrflecken *(Alternaria)*						7			14		7	
	Stängelfäule *(Didymella)*						7						
Tomate uG	Echter Mehltau		3										
	Kraut- und Braunfäule		3										
	Samtfleckenkrankheit		3										
	Grauschimmel			3									
Gurke Fl	Echter Mehltau		3					F					3
	Falscher Mehltau		3		4								
Gurke uG	Echter Mehltau		3					F					
	Falscher Mehltau		3		4								
Zucchini Fl	Echter Mehltau		3										
Erbse Fl	Echter Mehltau												7
Kopfsalat Fl	Falscher Mehltau				14						21[2]		
Spargel Fl	Rost		F[1]				F[1]		F[1]		F[1]		
	Laubkrankheit *(Stemphylium)*		F[1]										
Kartoffel Fl	Kraut- und Braunfäule					14	14		7	7	14	7	
	Dürrflecken *(Alternaria)*						14			7	14		
Knollensellerie Fl	Blattflecken *(Septoria)*						14					28	

Fl: Anwendung in Freilandkulturen
uG: Anwendung im Gewächshaus
F: Die Wartezeit ist durch die Anwendungsbedingungen abgedeckt bzw. die Festsetzung einer Wartezeit ist nicht erforderlich.
1): Anwendung nur in Junganlagen oder nach dem Stechen
2): Anwendung nur bis zur Kopfbildung

Anwendungsgebiete und Wartezeiten in Tagen der bei Gemüse ausgewiesenen Akarizide und Insektizide

Kultur	Schaderreger	**Wirkstoff: Präparatebeispiel**	Azadirachtin: NeemAzal-T/S	Bacillus thuringiensis: Dipel 2 X	Chlorpyrifos: Dursban fest	Dimethoat: PERFEKTHION	Kali-Seife: Neudosan Neu	Kali-Seife: Neudosan AF Neu Blattlausfrei	Oxydemethon-methyl: Metasystox R Spezial	Piperonylbutoxid + Pyrethrine: Spruzit Staub	Rapsöl: Schädlingsfrei Naturen AF	Rapsöl: MICULA
Gemüsekulturen	Spinnmilben										F	
Fl + uG	Blattläuse[A)]										F	
	Weiße Fliege										F	
Fruchtgemüse Fl	saugende Insekten[B)]						F	F				
Fruchtgemüse uG	Spinnmilben						F					
	Blattläuse						F					
	Weiße Fliege						F					F
Hülsengemüse uG	Weiße Fliege											F
Blatt- und Stielgemüse Fl	saugende Insekten						F	F				
Blattgemüse uG	Weiße Fliege											F
Sprossgemüse uG	Weiße Fliege											F
Zwiebelgemüse uG	Weiße Fliege											F
Wurzel- und Knollengemüse uG	Weiße Fliege											F
Kohlgemüse Fl[D)]	saugende Insekten					14			21			
	Mehlige Kohlblattlaus											F
	freifressende Schmetterlingsraupen[C)]			F								
	Kohlweißlingsarten			F								
	Kleine Kohlfliege				F[1)]							
Kohlgemüse uG	Mehlige Kohlblattlaus											F
	Weiße Fliege											F
Salat-Arten Fl[E)]	saugende Insekten								21			
	Blattläuse									3		
	beißende Insekten									3		
Kopfsalat Fl	saugende Insekten					21						
Buschbohne Fl	Spinnmilben											F
	Blattläuse									1		

Anwendungsgebiete und Wartezeiten in Tagen der bei Gemüse ausgewiesenen Akarizide und Insektizide (Forts.)

Kultur	Schaderreger	**Wirkstoff: Präparatebeispiel**	Azadirachtin: NeemAzal-T/S	Bacillus thuringiensis: Dipel 2 X	Chlorpyrifos: Dursban fest	Dimethoat: PERFEKTHION	Kali-Seife: Neudosan Neu	Kali-Seife: Neudosan AF Neu Blattlausfrei	Oxydemethon-methyl: Metasystox R Spezial	Piperonylbutoxid + Pyrethrine: Spruzit Staub	Rapsöl: Schädlingsfrei Naturen AF	Rapsöl: MICULA
Busch- und Stangenbohne uG	Spinnmilben											F
Spinat Fl	Blattläuse									3		
Spargel Fl	Spargelfliege					F[2)]						
Porree Fl	Blattläuse									3		
	beißende Insekten									3		
Möhre Fl	Möhrenfliege				F[1)]							
Speisezwiebel Fl	saugende Insekten					14						
	Zwiebelfliege				F[1)]							
Kartoffel Fl	saugende Insekten					14						
	Kartoffelkäfer		F							F		

Fl: Anwendung in Freilandkulturen
uG: Anwendung im Gewächshaus
A): außer Mehlige Kohlblattlaus
B): außer Weiße Fliege
C): außer Eulenarten
D): z. T. auf bestimmte Kohlarten beschränkt (siehe Gebrauchsanweisung)
E): z. T. auf bestimmte Salatarten beschränkt (siehe Gebrauchsanweisung)
F: Die Wartezeit ist durch die Anwendungsbedingungen abgedeckt bzw. die Festsetzung einer Wartezeit ist nicht erforderlich.
1): Anwendung nur bei der Saat oder beim Pflanzen
2): Anwendung nur in Junganlagen oder nach dem Stechen

Rechte Seite: Die Larven der Florfliege sind wirkungsvolle Gegenspieler von Spinnmilben und Blattläusen.

Anwendungsgebiete und Wartezeiten in Tagen der bei Obst- und Weinbau ausgewiesenen Fungizide

Kultur	Schaderreger	**Wirkstoff: Präparatebeispiel**	Bitertanol: Baycor Spritzpulver	Cyprodinil + Fludioxonil: SWITCH	Fenhexamid: Teldor	Fosetyl: Aliette WG	Kupferoktanoat: Cueva	Kupferoxychlorid: Funguran	Lecithin: BioBlatt Mehltaumittel	Mancozeb: Dithane Neo Tec	Metiram: Polyram WG	Propineb: Antracol WG	Schwefel: Kumulus WG
Kernobst	Echter Mehltau												7
	Schorf		14							28		28	7
Apfel	Echter Mehltau								F				
Steinobst	Schrotschusskrankheit											28	
Sauer- und Süßkirsche	Triebmonilia		21		3								
	Fruchtmonilia				3								
	Grauschimmel				3								
	Sprühfleckenkrankheit											28	
Pflaume	Triebmonilia				3								
	Fruchtmonilia				3								
	Rost									28			
	Narren-/Taschenkrankheit									28			
Beerenobst	Grauschimmel				7								
Stachelbeere	Echter Mehltau								F				7
Erdbeere	Grauschimmel			7	3								
	Phytophthora cactorum, P. fragariae					F1)							
	Rot- und Weißfleckenkrankheit							F2)					
Weinrebe	Echter Mehltau						35						56
	Falscher Mehltau						35			56	56		
	Grauschimmel			35	21								
	Roter Brenner									56	56		
	Phomopsis viticola									56	56		

F: Die Wartezeit ist durch die Anwendungsbedingungen abgedeckt bzw. die Festsetzung einer Wartezeit ist nicht erforderlich.
1): Anwendung nur als Tauchbehandlung vor dem Pflanzen bzw. als Spritzbehandlung bei erster Laubentwicklung oder Ende September
2): Anwendung nur vor der Blüte oder nach der Ernte

Anwendungsgebiete und Wartezeiten in Tagen der bei Obst- und Weinbau ausgewiesenen Akarizide und Insektizide

Kultur	Schaderreger	**Wirkstoff: Präparatebeispiel**	Apfelwickler-Granulosevirus: MADEX 3	Azadirachtin: NeemAzal-T/S	Bacillus thuringiensis: Dipel 2 X	Codlemone + Cyfluthrin: Appeal	Kali-Seife: Neudosan Neu	Kali-Seife: Neudosan AF Neu Blattlausfrei	Methoxyfenozide: Runner	Mineralöl: Promanal Neu	Oxydemethon-methyl: Metasystox R Spezial	Piperonylbutoxid + Pyrethrine: Herba-Vetyl neu flüssig	Rapsöl: MICULA	Rapsöl: Schädlingsfrei Naturen AF
Kernobst	Gallmilben												F	
	Spinnmilben													F
	saugende Insekten							F[A)]			F[1)]	2[A)]		
	Blattläuse												F	F
	beißende Insekten								14			2[B)]		
	freifressende Schmetterlingsraupen				F									
	Frostspanner			F[1)]										
	Apfelwickler		F			F			14					
	Sägewespen										F[1)]			
Apfel	Spinnmilben												F[2)]	
	Mehlige Apfelblattlaus			F[1)]										
Steinobst	Gallmilben												F	
	Spinnmilben													F
	saugende Insekten							F				2		
	Blattläuse													F
	beißende Insekten											2[B)]		
	freifressende Schmetterlingsraupen				F									
	Frostspanner			F[1)]										
Sauer- und Süßkirsche	Schwarze Kirschenlaus												F	
Pflaume	Spinnmilben												F	
	Schildläuse												F	
	Sägewespen										F[1)]			

Anwendungsgebiete und Wartezeiten in Tagen der bei Obst- und Weinbau ausgewiesenen Akarizide und Insektizide (Forts.)

Kultur	Schaderreger	Wirkstoff: Präparatebeispiel	Apfelwickler-Granulosevirus: MADEX 3	Azadirachtin: NeemAzal-T/S	Bacillus thuringiensis: Dipel 2 X	Codlemone + Cyfluthrin: Appeal	Kali-Seife: Neudosan Neu	Kali-Seife: Neudosan AF Neu Blattlausfrei	Methoxyfenozide: Runner	Mineralöl: Promanal Neu	Oxydemethon-methyl: Metasystox R Spezial	Piperonylbutoxid + Pyrethrine: Herba-Vetyl neu flüssig	Rapsöl: MICULA	Rapsöl: Schädlingsfrei Naturen AF
Beerenobst außer Erdbeere	Gallmilben												F	
	Spinnmilben									F[2]				
	saugende Insekten							F						
	Schildläuse									F[2]				
	Frostspanner			F[1]										
Schwarzer Holunder	Holunderlaus			F[1]										
Erdbeere	saugende Insekten						F	F				2		
	beißende Insekten											2		
Weinrebe	Spinnmilben									F[2]			F[2]	
	Traubenwickler				F				14					

A): außer Blutlaus und Birnblattsauger

B): außer Minierenden Kleinschmetterlingsraupen, Schalenwickler, Rüsselkäfer, Gallmücken

F: Die Wartezeit ist durch die Anwendungsbedingungen abgedeckt bzw. die Festsetzung einer Wartezeit ist nicht erforderlich.

1): Anwendung nur vor der Blüte

2): Anwendung nur vor Austrieb

Anwendungsgebiete der bei Zierpflanzen ausgewiesenen Fungizide

Kultur	Schaderreger	**Wirkstoff: Präparatebeispiel**	Azoxystrobin: Ortiva	Bitertanol: Baymat flüssig	Bitertanol: Baymat Rosenspray	Fenarimol: Pilzfrei Saprol	Fenhexamid: Teldor	Fosetyl: Aliette	Kupferoktanoat: Cueva	Kupferoxychlorid: Funguran	Lecithin: BioBlatt-Mehltaumittel	Lecithin: BioBlatt-Mehltauspray	Lecithin + Piperonylbutoxid + Pyrethrine: Bio Myctan Spinnmilbenfrei	Mancozeb: Dithane NeoTec	Maneb: Maneb WP	Metiram: Polyram WG	Schwefel: Kumulus WG
Zierpflanzen Fl	Echter Mehltau			X		X					X	X					X
	Rostpilze			X		X								X	X	X	
	Phytophthora							X									
	Falscher Mehltau									X				X	X	X	
Zierpflanzen Fl außer Rasen	Rostpilze		X														
Zierpflanzen uG	Echter Mehltau			X							X	X	X				
	Rostpilze		X	X										X	X	X	
	Grauschimmel						X										
	Phytophthora							X									
	Falscher Mehltau													X	X	X	
Rosen Fl	Echter Mehltau			X	X				X								
	Rost			X	X				X								
	Sternrußtau			X	X	X											
Rosen uG	Echter Mehltau			X					X				X				
Balkonpflanzen	Echter Mehltau				X								X				
Zierpflanzen in Räumen	Echter Mehltau				X						X		X				

Fl: Anwendung in Freilandkulturen
uG: Anwendung im Gewächshaus

Anwendungsgebiete der bei Zierpflanzen ausgewiesenen Akarizide und Insektizide

Kultur	Schaderreger	Wirkstoff: Präparatebeispiel	Azadirachtin: NeemAzal-T/S	Bacillus thuringiensis: Dipel 2 X	Dimethoat: PERFEKTHION	Dimethoat: Rogor	Dimethoat: COMPO Zierpflanzen-Spray D	Dimethoat: Rosen-Pflaster	Dimethoat: Etisso Combi-Sticks	Imidacloprid: Provado 5 WG	Imidacloprid: Lizetan Neu Zierpflanzenspray	Imidacloprid: Lizetan-Combistäbchen	Imidacloprid: Lizetan Kombigranulat	Imidacloprid + Methiocarb: Provado Gartenspray	Kali-Seife: Neudosan Neu
Zierpflanzen Fl															
	Spinnmilben		X			X	X							X	X
	saugende Insekten		X		X	X				X				X	X[B)]
	Blattläuse						X	X			X				
	Schildläuse				X		X			X					
	Weiße Fliege		X				X								
	Zikaden										X				
	beißende Insekten														
Ziergehölze Fl															
	Spinnmilben														
	saugende Insekten														
	Schildläuse														
	freifressende Schmetterlingsraupen[E)]			X											
	Gespinstmotten		X												
	Frostspanner		X												
	minierende Kleinschmetterlingsraupen				X	X									
Rosen Fl + uG															
	Blattläuse							X							
Zierkoniferen Fl															
	Sitkafichtenlaus														

Anwendungsgebiete der bei Zierpflanzen ausgewiesenen Akarizide und Insektizide (Forts.)

Kultur	Schaderreger	**Wirkstoff: Präparatebeispiel**	Kali-Seife: Neudosan AF Neu Blattlausfrei	Lecithin + Piperonylbutoxid + Pyrethrine: Bio Myctan Spinnmilbenfrei	Mineralöl: Schildlaus-Pumpspray	Mineralöl: Promanal Neu	Mineralöl: ELEFANT SOMMERÖL	Oxydemethon-methyl: Metasystox R Spezial	Piperonylbutoxid + Pyrethrine: Herba-Vetyl neu flüssig	Piperonylbutoxid + Pyrethrine: Spruzit Gartenspray	Piperonylbutoxid + Pyrethrine: Chrysal Pflanzenspray	Piperonylbutoxid + Pyrethrine: Pflanzenspray Hortex Neu	Piperonylbutoxid + Pyrethrine: Spruzit Staub	Pyrethrine + Rapsöl: Spruzit Schädlingsfrei	Pyrethrine + Rapsöl: Spruzit AF Schädlingsfrei	Rapsöl: MICULA	Rapsöl: SCHÄDLINGSFREI NATUREN AF
Zierpflanzen Fl																	
	Spinnmilben		X				X	X								X	X
	saugende Insekten		X[B)]				X	X		X[B)]				X	X	X[D)]	
	Blattläuse								X[B)]				X[B)]				X
	Schildläuse						X									X	X
	Weiße Fliege															X	X
	Zikaden																
	beißende Insekten								X[C)]				X[C)]				
Ziergehölze Fl																	
	Spinnmilben					X	X										
	saugende Insekten						X										
	Schildläuse					X	X										
	freifressende Schmetterlingsraupen[E)]																
	Gespinstmotten																
	Frostspanner																
	minierende Kleinschmetterlingsraupen																
Rosen Fl + uG																	
	Blattläuse																
Zierkoniferen Fl																	
	Sitkafichtenlaus															X	

Anwendungsgebiete der bei Zierpflanzen ausgewiesenen Akarizide und Insektizide (Forts.)

Kultur	Schaderreger	**Wirkstoff: Präparatebeispiel**	Azadirachtin: NeemAzal-T/S	Bacillus thuringiensis: Dipel 2 X	Dimethoat: PERFEKTHION	Dimethoat: Rogor	Dimethoat: COMPO Zierpflanzen-Spray D	Dimethoat: Rosen-Pflaster	Dimethoat: Etisso Combi-Sticks	Imidacloprid: Provado 5 WG	Imidacloprid: Lizetan Neu Zierpflanzenspray	Imidacloprid: Lizetan-Combistäbchen	Imidacloprid: Lizetan Kombigranulat	Imidacloprid + Methiocarb: Provado Gartenspray	Kali-Seife: Neudosan Neu
Zierpflanzen uG															
	Spinnmilben		X			X								X	X
	saugende Insekten		X		X									X	
	Blattläuse							X			X				
	Schildläuse				X	X[A)]								X	
	Woll- oder Schmierläuse										X			X	
	Weiße Fliege		X								X			X	X
	Thripse										X			X	
	Blattwanzen										X				
	Zikaden										X				
	beißende Insekten													X	
	Minierfliegen		X												
Zierpflanzen im Zimmer, in Büroräumen und auf Balkonen															
	Spinnmilben		X												
	saugende Insekten		X							X		X	X		
	Blattläuse			X			X	X	X		X				
	Weiße Fliege		X				X				X	X	X		
	Schildläuse						X			X		X			
	Napfschildläuse												X		
	Woll- oder Schmierläuse										X				
	Thripse										X				

Anwendungsgebiete der bei Zierpflanzen ausgewiesenen Akarizide und Insektizide (Forts.)

Kultur	Schaderreger	**Wirkstoff: Präparatebeispiel**	Kali-Seife: Neudosan AF Neu Blattlausfrei	Lecithin + Piperonylbutoxid + Pyrethrine: Bio Myctan Spinnmilbenfrei	Mineralöl: Schildlaus-Pumpspray	Mineralöl: Promanal Neu	Mineralöl: ELEFANT SOMMERÖL	Oxydemethon-methyl: Metasystox R Spezial	Piperonylbutoxid + Pyrethrine: Herba-Vetyl neu flüssig	Piperonylbutoxid + Pyrethrine: Spruzit Gartenspray	Piperonylbutoxid + Pyrethrine: Chrysal Pflanzenspray	Piperonylbutoxid + Pyrethrine: Pflanzenspray Hortex Neu	Piperonylbutoxid + Pyrethrine: Spruzit Staub	Pyrethrine + Rapsöl: Spruzit Schädlingsfrei	Pyrethrine + Rapsöl: Spruzit AF Schädlingsfrei	Rapsöl: MICULA	Rapsöl: SCHÄDLINGSFREI NATUREN AF
Zierpflanzen uG																	
	Spinnmilben		X	X	X	X		X						X	X	X	X
	saugende Insekten			X				X		X				X	X	X	
	Blattläuse																X
	Schildläuse				X	X								X	X	X	X
	Woll- oder Schmierläuse				X	X								X	X		
	Weiße Fliege		X											X	X	X	X
	Thripse																
	Blattwanzen																
	Zikaden																
	beißende Insekten																
	Minierfliegen																
Zierpflanzen im Zimmer, in Büroräumen und auf Balkonen																	
	Spinnmilben			X	X	X						X		X	X	X	X
	saugende Insekten											X		X	X	X	
	Blattläuse																
	Weiße Fliege											X		X	X	X	
	Schildläuse					X						X		X	X	X	
	Napfschildläuse																
	Woll- oder Schmierläuse					X						X		X	X		
	Thripse																

Anwendungsgebiete der bei Zierpflanzen ausgewiesenen Akarizide und Insektizide

Kultur	Schaderreger	**Wirkstoff: Präparatebeispiel**	Azadirachtin: NeemAzal-T/S	Bacillus thuringiensis: Dipel 2 X	Dimethoat: PERFEKTHION	Dimethoat: Rogor	Dimethoat: COMPO Zierpflanzen-Spray D	Dimethoat: Rosen-Pflaster	Dimethoat: Etisso Combi-Sticks	Imidacloprid: Provado 5 WG	Imidacloprid: Lizetan Neu Zierpflanzenspray	Imidacloprid: Lizetan-Combistäbchen	Imidacloprid: Lizetan Kombigranulat	Imidacloprid + Methiocarb: Provado Gartenspray	Kali-Seife: Neudosan Neu
Zierpflanzen im Zimmer, in Büroräumen und auf Balkonen															
	Blattwanzen										X				
	Zikaden										X				
	Minierfliegen		X												
Zierpflanzen in Räumen															
	Spinnmilben													X	
	saugende Insekten													X	
	Blattläuse														
	Woll- oder Schmierläuse													X	
	Schildläuse													X	
	Weiße Fliege													X	
	Thripse													X	
	beißende Insekten													X	
Hydrokulturen in Zimmern oder Büroräumen															
	Blattläuse											X			
	Weiße Fliege											X			

Anwendungsgebiete der bei Zierpflanzen ausgewiesenen Akarizide und Insektizide (Forts.)

Kultur	Schaderreger	**Wirkstoff: Präparatebeispiel**	Kali-Seife: Neudosan AF Neu Blattlausfrei	Lecithin + Piperonylbutoxid + Pyrethrine: Bio Myctan Spinnmilbenfrei	Mineralöl: Schildlaus-Pumpspray	Mineralöl: Promanal Neu	Mineralöl: ELEFANT SOMMERÖL	Oxydemethon-methyl: Metasystox R Spezial	Piperonylbutoxid + Pyrethrine: Herba-Vetyl neu flüssig	Piperonylbutoxid + Pyrethrine: Spruzit Gartenspray	Piperonylbutoxid + Pyrethrine: Chrysal Pflanzenspray	Piperonylbutoxid + Pyrethrine: Pflanzenspray Hortex Neu	Piperonylbutoxid + Pyrethrine: Spruzit Staub	Pyrethrine + Rapsöl: Spruzit Schädlingsfrei	Pyrethrine + Rapsöl: Spruzit AF Schädlingsfrei	Rapsöl: MICULA	Rapsöl: SCHÄDLINGSFREI NATUREN AF
Zierpflanzen im Zimmer, in Büroräumen und auf Balkonen																	
	Blattwanzen																
	Zikaden																
	Minierfliegen																
Zierpflanzen in Räumen																	
	Spinnmilben																
	saugende Insekten			X						X							
	Blattläuse										X						X
	Woll- oder Schmierläuse				X												
	Schildläuse				X												X
	Weiße Fliege																X
	Thripse																
	beißende Insekten																
Hydrokulturen in Zimmern oder Büroräumen																	
	Blattläuse																
	Weiße Fliege																

A): außer San-Jose-Schildlaus, Woll- oder Schmierläuse
B): außer Wollige Nadelholzläuse, Wollige Laubholzläuse, Gallenbildende Nadelholzläuse
C): außer Minierende Kleinschmetterlingsraupen, Minierfliegen, Rüsselkäfer
D): außer Sitkafichtenlaus
E): außer Träg- und Wollspinnerarten, Eulenarten, Goldafter, Schwammspinner
Fl: Anwendung in Freilandkulturen
uG: Anwendung im Gewächshaus

Schneckenbekämpfung

Wirkstoff	Präparate	B	GS	NO	Anwendungsgebiete	Ort	Hinweise
Eisen-III-phosphat	Ferramol Schneckenkorn	B3		+	G: Salat, Kohlgemüse O: Erdbeere Z: Zierpflanzen	Fl, uG Fl, uG Fl, uG	flächig ausstreuen, keine Köderstationen verwenden!
Metaldehyd	Schneckenkorn Limex N	B3		+	G: Kohlarten[1)], Salat O: Erdbeere Z: Zierpflanzen	Fl Fl Fl, uG	
	Schneckenkorn Helarion, Schneckenkorn Limex Ultra	B3		+	G: Salat, Kohlgemüse O: Erdbeere Z: Zierpflanzen	Fl Fl Fl, uG	
Methiocarb	Mesurol Schneckenkorn	B3	Xn	-	G: Kohlarten[1)], Spinat G: Salat O: Erdbeere Z: Zierpflanzen	Fl Fl, uG Fl Fl, uG	WZ 14 WZ 14 WZ 14

B: Wirkung auf Bienen. B3: Aufgrund der durch die Zulassung festgelegten Anwendungen des Mittels werden Bienen nicht gefährdet.
GS: Gefahrensymbole. Xn: gesundheitsschädlich.
NO: Wirkung auf Nutzorganismen.
+: schont Nützlinge.
-: schädigt die meisten Nützlinge.

G: Gemüsebau
O: Obstbau
Z: Zierpflanzen
Fl: Anwendung in Freilandkulturen
uG: Anwendung im Gewächshaus
WZ: Wartezeit in Tagen
[1)]: auf einzelne Kohlarten beschränkt (siehe Gebrauchsanweisung)

Nagerbekämpfung (die Präparate sind in Gemüse, Obst und Zierpflanzen ausgewiesen)

Art	Wirkstoff	Präparate	B	GS	WS	Anwendung
Wühlmaus-bekämpfung	Begasungsmittel	Wühlmaus-Patrone Arrex Patrone[1)]	B3		WS	1 Stück je 5–7 m Ganglänge
	Warfarin	Quiritox Neu[1)]	B3			2 Messlöffel je Gangöffnung
	Zinkphosphid	Wühlmausköder WUELFEL	B3	Xn		5 g je 8–10 m Ganglänge
		DELU Wühlmausköder	B3	Xn		3 g je 8–10 m Ganglänge
Wühlmaus-vergrämung	Calciumcarbid	Prontox-Wühlmausgas	B3	F, Xi		5–10 g je Gang
		DELU Wühlmausgas	B3	F, Xi	WS	5 g je Bau, zur Maulwurfvergrämung (20 g je Bau)
Hasen, Kaninchen	Wildschaden-verhütungs-mittel	Arbin	B3	Xn		im Abstand von 4 bis 6 Wochen wiederholen

B: Wirkung auf Bienen.
B3: Aufgrund der durch die Zulassung festgelegten Anwendungen des Mittels werden Bienen nicht gefährdet.
GS: Gefahrensymbole.
F: leicht entzündlich.
Xn: gesundheitsschädlich.
Xi: reizend
WS: Das Mittel darf in Wasserschutzgebieten nicht eingesetzt werden.
[1)]: Ausweisung auch in Rasenflächen

Herbizide

Der Einsatz von Herbiziden sollte im Hausgarten nur dann erwogen werden, wenn alle anderen kulturtechnischen Maßnahmen den Wuchs unerwünschter Beikräuter nicht reduzieren konnten. Herbizide bergen immer die Gefahr in sich, Schäden an den Kulturpflanzen anzurichten. Daher muss sehr *genau* nach **Gebrauchsanweisung** gearbeitet werden. Alle derzeit für die Anwendung im Haus- und Kleingarten ausgewiesenen Herbizide sind sogenannte Kontaktherbizide. Sie wirken nicht selektiv, sondern schädigen alle grünen Pflanzenteile. Daher muss bei der Anwendung gewissenhaft darauf geachtet werden, dass Kulturpflanzen keinesfalls mit behandelt und nicht durch Abdrift mit Spritznebel in Berührung kommen. Dazu muss in Pflanzungen ein Spritzschirm verwendet werden oder es kommen Präparate mit dem Wirkstoff Glyphosat zum Einsatz, die mit Hilfe eines Dochtstreichgerätes unmittelbar auf das Laub der einzelnen zu bekämpfenden Pflanze appliziert werden. Die derzeit zugelassenen Herbizide schädigen die zum Anwendungszeitpunkt vorhandenen Unkräuter, sie haben keine Dauerwirkung.

Der Einsatz von Moosvernichtern in Rasenflächen führt ohne vorherige Standortverbesserung nur zu einem sehr kurzfristigen Erfolg.

Zeichenerklärung zur Tabelle Seite 185:

B: Wirkung auf Bienen. B3: Aufgrund der durch die Zulassung festgelegten Anwendungen des Mittels werden Bienen nicht gefährdet. B4: Das Mittel wird bis zur höchsten durch die Zulassung festgelegten Aufwandmenge bzw. Anwendungskonzentration als nicht bienengefährlich eingestuft.

GS: Gefahrensymbole. Xn: gesundheitsschädlich. Xi: reizend

NO: Wirkung auf Nutzorganismen. +: schont Nützlinge. [R]: schädigt Regenwürmer leicht. R: schädigt Regenwürmer

Bekämpfung von Unkräutern und Moosen in Rasenflächen, keine Anwendung im Jahr der Ansaat, Wasseraufwandmenge ca. 50 ml/m^2 bei Spritzanwendung

gegen	Wirkstoff	Präparate	B	GS	NO	Ausbringung
zweikeimblättrige Unkräuter	2,4-D + Dicamba	UV RASEN FLORANID;	B4		+	streuen
		egesa Unkrautvernichter Neu mit Rasendünger	B4		+	streuen
		GREENMASTER Fine Turf Extra;	B3		[R]	streuen
		ASEF UNKRAUTVERNICHTER MIT RASENDÜNGER	B3		[R]	streuen
		SUBSTRAL RASEN-DÜNGER mit Unkrautvernichter;	B4		[R]	streuen
		Scotts Unkrautvernichter mit Rasendünger	B4		[R]	streuen
	Dicamba + MCPA	BANVEL M;	B4	Xn	+	gießen oder
		Gabi Rasenunkraut-Vernichter	B4	Xn	+	spritzen
	Diflufenican + Mecoprop-P	LOREDO;	B4	Xi	+	gießen oder
		Rasen-Unkrautvernichter Anicon	B4	Xi	+	spritzen
Moosarten	Eisen-II-Sulfat	Gabi-Anti-Moos-S	B4	Xi	R	gießen oder
			B4	Xi		streuen
		Stodiek Moosvernichter mit Rasendünger;	B4		[R]	streuen
		MV RASEN FLORANID	B4		[R]	streuen
		EUFLOR Rasendünger mit Moosvernichter;	B4	Xi	+	streuen
		Moosvernichter mit Rasendünger	B4	Xi	+	streuen
		Gabi-Antimoos, flüssig;	B4	Xi	R	gießen oder
		Moosvertilger Gesamoos, flüssig	B4	Xi	R	spritzen
	Eisen-II-Sulfat + Eisen-III-Sulfat	SUBSTRAL RASEN-DÜNGER mit Moosvernichter;	B4		[R]	streuen
		Rasen-Floranid Rasendünger mit Moosvernichter	B4		[R]	streuen
	Essigsäure	TEM 123;	B4	Xi	+	gießen
		COMPO Filacid Moos-frei	B4	Xi	+	gießen

Bekämpfung vorhandener Unkräuter (Kulturpflanzen dürfen nicht vom Spritznebel getroffen werden)

gegen	Wirkstoff	Präparate	B	GS	NO	Anwendung	Ausbringung
einjährige ein- und zweikeimblättrige Unkräuter	Essigsäure	TEM 123;	B4	Xi	+	O, Z, W+P	unverdünnt spritzen
		COMPO Filacid Moos-frei	B4	Xi	+	O, Z, W+P	unverdünnt spritzen
ein- und zweikeimblättrige Unkräuter	Glyphosat	Roundup Alphee	B4		+/–	Rasen	vor Umbruch und Neusaat
			B4		+/–	O, Z, W+P	unverdünnt spritzen als Einzelpflanzenbehandlung
		Roundup Ultragran;	B4		+/–, [R]	Rasen	vor Umbruch und Neusaat
		Roundup Gran	B4		+/–, [R]	O, Z, W+P	Spritzschirm
		Roundup Ultra;	B4		+/–	Rasen	vor Umbruch und Neusaat
		Roundup LB Plus	B4		+/–	O, Z, W+P	Spritzschirm, Dochtstreichgerät
		GLYFOS;	B4		+	Rasen	vor Umbruch und Neusaat
		Keeper Unkrautfrei	B4		+	O, Z, W+P	Spritzschirm, Dochtstreichgerät
		Keeper Select	B4		+	O, Z, W+P	Dochtstreichgerät
		Roundup;	B4	Xi	+/–	Rasen	vor Umbruch und Neusaat
		DURANO	B4	Xi	+/–	O, Z, W+P	Spritzschirm, Dochtstreichgerät
	Glyphosat-trimesium	Touchdown TD;	B4	Xn	+	W+P	Spritzschirm
		Herburan TD	B4	Xn	+	W+P	Spritzschirm
Große Brennnessel	MCPA + Mecoprop-P	Brennessel-Granulat Spiess-Urania	B3		+	O	streuen

Wundverschlussmittel

Der Fachhandel bietet eine Vielzahl so genannter **Wundverschluss**- oder **Wundbehandlungsmittel** an. Diese Produkte werden nach Schnittmaßnahmen an Gehölzen auf die Schnittflächen aufgebracht und sollen die Wundheilung beschleunigen. Ein Schutz der Wundflächen vor einer Besiedlung mit Pilzsporen kann durch den Einsatz von Wundverschlussmitteln nicht immer gewährleistet werden. Der Haupteffekt des Wundverschlusses ist der Schutz des Kambiums vor dem Zurücktrocknen. Damit kann die Überwallung der Wunde beschleunigt werden. Kleinere Schnittwunden bis etwa 3 cm Durchmesser müssen nicht behandelt werden. Größere Sägewunden werden am Rand glattgeschnitten, der Wundrand kann anschließend mit einem Wundverschlussmittel behandelt werden. Im Handel werden sowohl Präparate mit Fungizidzusatz als auch reine Wundwachse angeboten.

Pflanzenstärkungsmittel

Neben den von der Biologischen Bundesanstalt zugelassenen Pflanzenschutzmitteln sind viele Produkte im Handel erhältlich, die als **Pflanzenstärkungs-** oder **Pflanzenhilfsmittel** bezeichnet werden. Meist handelt es sich um Produkte auf der Basis von Gesteinsmehlen und/oder Pflanzenauszügen.

Solche Präparate sollen die **Widerstandsfähigkeit** der Pflanzen gegenüber Schadorganismen stärken. Sie dürfen keine direkte Wirkung auf die Schadorganismen haben, da sie sonst als Pflanzenschutzmittel eingestuft werden und die aufwändige und kostenträchtige Zulassung über sich ergehen lassen müssen. Solche Pflanzenstärkungsmittel sind daher auch nicht von unabhängigen Stellen auf ihre Wirksamkeit geprüft worden. Es kann sich aber durchaus lohnen, solche Produkte im eigenen Garten einmal auszuprobieren. Die Behandlungsintervalle sind aber in der Regel deutlich kürzer als bei Pflanzenschutzmitteln, *grundsätzlich* ist ein **vorbeugender Einsatz** erforderlich.

Verzeichnisse

Adressen

Ansprechpartner für Pflanzenschutzfragen

Baden-Württemberg
Landesanstalt für Pflanzenschutz,
Reinsburgstr. 107
70197 Stuttgart,

Bayern
Bayerische Landesanstalt für Bodenkultur und Pflanzenanbau
– Abteilung Pflanzenschutz,
Menzinger Straße 54
80638 München,

Berlin
Pflanzenschutzamt,
Mohringer Allee 137
12347 Berlin,

Brandenburg
Landesamt für Ernährung, Landwirtschaft und Flurneuordnung –
Pflanzenschutzdienst,
Wildbahn, Ringstr. 10
15236 Frankfurt/Oder

Bremen
Senator für Frauen, Gesundheit, Jugend, Soziales und Umweltschutz –
Pflanzenschutzdienst,
Große Weidestraße 4-16
28195 Bremen,

Hamburg
Institut für Angewandte Botanik,
Abt. Pflanzenschutz
Ohnhorststr. 18
22609 Hamburg,

Hessen
Regierungspräsidium Gießen
Pflanzenschutzdienst Hessen
Schanzenfeldstraße, 8
35578 Wetzlar

Mecklenburg-Vorpommern
Landespflanzenschutzamt,
Graf-Lippe-Str. 1
18059 Rostock,

Niedersachsen
Pflanzenschutzamt Hannover,
Wunstorfer Landstraße 9
30453 Hannover,

Nordrhein-Westfalen
Pflanzenschutzamt Bonn
Siebengebirgsstraße 200
53229 Bonn,

Rheinland-Pfalz
Landesanstalt für Pflanzenbau und Pflanzenschutz
Essenheimer Straße 144
55128 Mainz-Bretzenheim,

Saarland
Pflanzenschutzamt
Lessingstraße 12
66121 Saarbrücken,

Sachsen
Sächsische Landesanstalt für Landwirtschaft,
Abt. Pflanzenschutz
Stübelallee 2
01307 Dresden,

Sachsen-Anhalt
Landespflanzenschutzamt Sachsen-Anhalt
Silberbergweg 6
39128 Magdeburg,

Schleswig-Holstein
Ministerium für ländliche Räume, Landesplanung, Landwirtschaft und Tourismus
Ref. Pflanzenschutz
Düsternbrooker Weg 104
24105 Kiel

Thüringen
Thüringer Landesanstalt für Landwirtschaft Jena
Referat 440 –
Pflanzenschutz
Kühnhäuser Str. 101
99189 Erfurt-Kühnhausen

Informationen zur Bodenuntersuchung

Verband Deutscher Landwirtschaftlicher Untersuchungs- u. Forschungsanstalten e.V. (VDLUFA)
Sitz und Geschäftsstelle:
Bismarckstraße 41
64293 Darmstadt,

Literatur

Alford, D. V.: Farbatlas der Schädlinge an Zierpflanzen. Ferdinand Enke Verlag, Stuttgart 1997

Butin, H.: Krankheiten der Wald- und Parkbäume. Georg Thieme Verlag, Stuttgart 1996

Crüger, G.: Pflanzenschutz im Gemüsebau. Verlag Eugen Ulmer, Stuttgart 2002

Jacobs, W.; Renner, M.: Biologie und Ökologie der Insekten. Spektrum Akademischer Verlag, Heidelberg 1998

Stahl, M.; Umgelter, H.; Jörg, G.; Merz, F.; Richter, J.: Pflanzenschutz im Zierpflanzenbau. Verlag Eugen Ulmer, Stuttgart 1993

Bildquellen

Die Abbildungen stammen von Jochen Veser, Stuttgart, mit Ausnahme der folgenden:

Biologische Bundesanstalt, Braunschweig: Seite 84 unten, 95 oben links, 94 unten rechts.
Forschungsanstalt Geisenheim, Fachgebiet Phytomedizin: Seite 79 oben, 82 unten links, 92 oben rechts.
Haberer, Martin, Raidwangen: Seite 84 oben.
Köhlein, Fritz, Bindlach: Seite 4.
M.A.P., F. Strauss, Every (Frankreich): Seite 5.
M.A.P., F. Didilon, Every (Frankreich): Seite 60/61.
Pardatscher, Günter, St Andrä v.d. Hagenthale: Seite 108/109, 126/127.
Reinhard, Hans, Heiligenkreuzsteinach: Seite 3, 146/147.
Schaefer, Bernd, Berlin: Umschlagrückseite, Seite 13 (2), 18 unten, 21 unten, 22 oben, 23 oben, 30 oben, 31 oben, 33 oben links, 44 oben rechts, 46 unten, 49 (2), 51 oben rechts, 53, 67 (2) oben, 75 oben, 77 oben, 78 oben rechts, 78 Mitte, 87, 93 unten, 94 oben links, 96 (2), 97, 98 oben links, 98 Mitte, 99 oben links, 99 unten rechts, 100 unten, 101 unten links, 102, 107 oben, 114 oben rechts, 115 (2), 118, 132 unten, 133 oben, 145 links, 159 oben rechts, 159 unten rechts, 160 oben, 160 unten links, 161 unten rechts, 171
Stein, Brigitte und Siegfried, Vastorf: Seite 90/91.
Wilke, Rainer, Bonn: Umschlagvorderseite (kleines Bild).

Register

Seitenzahlen mit * verweisen auf Abbildungen, **fettgedruckte** Seitenzahlen auf Schwerpunkte

Bibliografische Information Der Deutschen Bibiliothek
Die Deutsche Bibliothek verzeichnet diese Publikation in der Deutschen Nationalbibliografie; detaillierte bibliografische Daten sind im Internet über http://dnb.ddb.de abrufbar.

ISBN 3-8001-4499-9

Wollgrasweg 41,
70599 Stuttgart (Hohenheim)
Internet: www.ulmer.de
Printed in Germany
Lektorat: Hermine Tasche
Herstellung & DTP: Ulla Stammel
Druck und Bindung: Georg Appl, Wemding